manholt verlag

EUGÈNE IONESCO

Der Einzelgänger

AUS DEM FRANZÖSISCHEN
VON LORE KORNELL

MANHOLT

Lizenzausgabe mit freundlicher Genehmigung
des Carl Hanser Verlages, München und Wien

Titel der Originalausgabe: Le Solitaire
Mercure de France, Paris 1973

Umschlaggestaltung: Jutta Virus
Gesetzt aus der Janson Antiqua
Druck / Bindung: Wiener Verlag, Himberg
ISBN 3-924903-45-X

Mit fünfunddreißig ist es an der Zeit, sich aus dem Rennen zurückzuziehen. Falls man im Rennen war. Ich hatte übergenug von meiner Stellung. Es war schon spät, bald würde ich vierzig sein. Ich wäre vor Langeweile und Traurigkeit gestorben, hätte ich nicht diese unerwartete Erbschaft gemacht. Es gibt noch Onkels in Amerika, wenn auch selten, oder aber meiner war der letzte. Jedenfalls hatte keiner meiner Kollegen in dem kleinen Betrieb einen Vater, Vetter oder Onkel in Amerika. Sie waren eifersüchtig: man stelle sich vor, nicht mehr arbeiten zu müssen! Meinen Abschied machte ich kurz. Ich gab im Café an der Ecke einen Beaujolais aus, nicht einmal Juliette hatte ich dazu eingeladen. Sie war immer verärgert. Nachdem wir uns einander hingegeben hatten, gaben wir einander auf. Der Chef der Firma war noch verärgerter als meine kleine Freundin, »er hätte so etwas erwartet«, sagte er; merkwürdig, denn ich selbst hatte es keinesfalls erwartet. Ich hätte drei Monate vorher kündigen müssen, versicherte er, so sei es üblich. »Es wird mir schwerfallen, jemanden wie Sie zu finden.« Wie oft hatte er mir vorgeworfen, ich arbeite schlecht, hatte er wieder und wieder gedroht, mich zu entlassen, so daß ich zitterte. Denn wo eine ähnliche Stellung finden wie diese, an die ich mich eher schlecht als recht gewöhnt hatte. Nach jeder Drohung mich zu entlassen, gab mir die Angst den Anstoß zu erneutem Eifer. Das hielt zwei, drei Tage an. Und dann ließ es nach. Nach ungefähr zwei Wochen neue Drohungen. Fleißig arbeitete ich also ungefähr sechs oder sieben Tage im Monat. Ich war am Ende. Nicht einen Tag mehr habe ich meinem Chef zugestanden, das war meine Revanche. Mit Vergnügen bot ich ihm einen Monat Schadenersatz. Schließlich, um sich nobel zu zeigen, nahm er die Summe nicht an. Ich bin nicht schlecht. Ich gestattete ihm diese Genugtuung.

Immerhin suchte ich Jeanine, die Kassiererin auf. »Jetzt, wo Sie reich sind, verlassen Sie uns? Wollen Sie nicht wenigstens in unserem Viertel bleiben? Oder wo wollen Sie hinziehen, allein und unbeholfen wie Sie sind? ... Aber richtig, jetzt können Sie sich ja eine Hausgehilfin leisten.« Sie hatte Tränen in den Augen. Eine Zeitlang hatte sie in meinem Herzen Juliettes Platz eingenommen. Doch das war schon lange her. Gewohnt, stundenlang an der Kasse zu sitzen, hatte sie verlernt sich zu rühren. Sie wurde dick. Sie wußte, daß ich nicht wie alle andern, daß ich ein Undankbarer war. Und doch bin ich wie alle andern, wie alle andern zu unserer Zeit, skeptisch, blasiert, verdrießbar und verdrossen, ziellos lebend, so wenig wie möglich arbeitend – weil man nicht anders kann –, genießerisch ein bißchen: Alkohol, ein gutes Essen, um von Zeit zu Zeit der allgemeinen Bitterkeit und Unlust zu entfliehen.

Immerhin kam der Chef zur Abschiedsfeier ins Bistrot. Lucienne auch. Sie war die drittwichtigste Angestellte im Hause, sie gehörte zu den leitenden Angestellten. Sie kam mit Pierre Ramboule. Sie war meine dritte und letzte Herzensaffäre gewesen. Unsere Arbeitseinteilung ließ uns keine Zeit viel herumzukommen, überdies wohnten fast alle in Vororten, darum blieben wir mit unseren Liebesgeschichten unter uns.

Wir nahmen, was uns unter die Finger kam. Lucienne hatte ich am meisten geliebt, wenn ich dieses Wort gebrauchen darf, ein anderes fällt mir nicht ein. Sie hatte mir diesen Pierre Ramboule vorgezogen, der jung und neu in der Firma war. Lucienne war die jüngste von den dreien und die einzige, die einen hübschen Körper hatte. Sie hatte sich von Pierre verführen lassen, einem temperamentvollen jungen Mann, der Großes im Sinn hatte: Er war nur zu einer sehr kurzen Lehrzeit zu uns gekommen. Er erwartete Kapital, um in große Unternehmen einzusteigen. Er hatte Lucienne in dem Glauben gewiegt, sie werde an seinem Leben und seinen Geschäften teilhaben. Nun waren genau fünf Jahre und ein Monat vergangen, seit der Chef Pierre Ramboule engagiert hatte und fünf Jahre, daß Lucienne mich um seinetwillen verlassen hatte. Sie waren immer noch an demselben Punkt. »Ihr könnt sogar euren fünften Jahrestag feiern«, sagte ich zu Lucienne, als sie mit ihm das Café betrat. Lucienne errötete, es war ihr immer peinlich, mich wiederzusehen, und ich sah sie alle Tage erröten.

Sie hatte ein etwas schlechtes Gewissen, weil sie mich verlassen hatte, und sie war unglücklich darüber, daß sie sich in Pierre getäuscht hatte, der nicht mehr wert war als ich. Aber er war jünger und nicht so häßlich wie ich. Eigentlich bin ich gar nicht so häßlich, nur ist mein Gesicht ein bißchen fad und welk, und mit meinen verwaschenen blauen Augen schon von Geburt an wenig frisch.

Was Lucienne mir angetan hatte, war mir sehr schmerzlich gewesen. Wo fände ich noch einmal ein ebenso hübsches Geschöpf mit so schönen Beinen, solchen Rundungen, einem so anmutigen Lächeln, das sich mit mir abgeben möchte?

Ich hatte mir, als sie mich verließ, Fragen über mich gestellt und ich fühlte mich haltlos. Ich wurde mir klar darüber, daß Lucienne in meinem Leben einen Platz ausgefüllt hatte, einen Platz, dessen Bedeutung mir nicht bewußt war, solange sie da war. Ich bekam sogar eine Depression und erhielt einen Monat Krankheitsurlaub, den ich fern von meinem Arbeitsort verbrachte. Tatsächlich hatte es sich nur um eine Einsamkeit zu zweit gehandelt. Das sage ich jetzt. Doch damals, in meiner Niedergeschlagenheit, kam es mir vor, als hätte ich ein Paradies verloren. Für mich sagte ich mir, konnte es von nun an nichts als Betäubung, Ratlosigkeit geben. Hatte sie es mit ihm jetzt besser?

Pierre redete nicht mehr von seinen künftigen Unternehmungen, dafür hatte er ein Bäuchlein bekommen. Auch ihm schien es peinlich, wenn er mir begegnete; doch, oh, nicht mehr so sehr ... Was bleibt schon nach fünf Jahren von einem alltäglichen und belanglosen Drama übrig? Vielleicht fühlten sich beide, wenn sie mich sahen, keineswegs verlegen, und ich bildete mir das nur ein. Tatsächlich hatte ich seit fünf Jahren keine Frauenbekanntschaften gehabt. Ich hatte mich an das Alleinsein gewöhnt. Ich hatte zu wenig Selbstvertrauen, um, wie man sagt, mein Leben zu leben oder ein Leben anzufangen oder neu anzufangen. War es denn überhaupt ein Leben gewesen? Mit Lucienne so etwas wie ein Anfang von irgend etwas ... Mit Juliette vielleicht auch, ein Stückchen blauer Himmel zwischen Wolken.

Wir tranken ein erstes Glas Beaujolais, ein zweites Glas Beaujolais, ein drittes Glas Beaujolais. Bevor ich die vierte Runde bestellte, verließ uns der Chef. Er wünschte mir Glück, nicht ohne mir vorher zu sagen, daß er das Geschäft erweitern wolle, daß er sehr interessante Dinge vorhabe, daß die Zahl der Kunden zunehme, daß er nicht mehr wüßte, wie er der Nachfrage entsprechen solle und daß er mehr Personal engagieren müsse. Mich schauderte bei dem Gedanken, was ich hätte arbeiten müssen, wenn ich geblieben wäre... Aber dank meines Onkels in Amerika ... Der Chef wollte seinen Umsatz verdreifachen, vervierfachen. Ich hätte viermal so viel arbeiten müssen. Im Grunde glaubte ich nicht daran, sein Geschäft würde weiterhin schlecht und recht gehen, wie bisher. Ich entging einer andern Gefahr: Er bot mir keine finanzielle Beteiligung an, und ich begriff, daß es ihm nicht darum zu tun war. Sein Geschäft war dazu geschaffen, ein kleines Geschäft zu bleiben. Er fürchtete das Risiko. Sicher hatte er recht, wozu sich den Kopf zerbrechen? An seiner Stelle hätte ich nicht anders gehandelt. Pierre und Lucienne gingen mit den andern nach dem fünften Glas. Alle waren leicht angeheitert. Selbstverständlich versprach ich ihnen, sie ab und zu zu besuchen, denn fünfzehn gemeinsam im Hause verbrachte Jahre, das ist allerhand, nicht wahr. Die meisten hatte ich kommen, andere gehen sehen. Ich hatte noch den Vater des Chefs gekannt, als ich in die Firma eintrat, hatte der Sohn sie gerade übernommen. Als Lucienne ging, lächelte sie mir zu, bedauernd, schien mir, wie mit schlechtem Gewissen; sieh mal an, sie hatte ein weißes Haar, ein Fältchen, erstaunlich, ich hatte nie gedacht, sie könne einmal nicht mehr jung sein. Hatte sie eine

Träne im Augenwinkel? Sie deutete mir mit ihren warmen Lippen einen Kuß an. Wir hatten keinen Grund, einander böse zu sein. Sie war naiv genug sich einzubilden, unsere Liebe wäre vielleicht gar nicht gescheitert. Vielleicht sagte sie sich, wir könnten es wieder miteinander versuchen, wenn ich wollte. Denn, dachte sie womöglich, der Geldmangel, die obskure Arbeit hätte uns gehemmt, aber Liebe versetzt Berge, Liebe bricht Eisen, zerreißt Fesseln, nichts widersteht ihr, das wissen wir wohl. Nur unsere Mittelmäßigkeit macht, daß wir aufgeben. Die Große Liebe weiß nicht, was Verzicht ist, sie kennt nicht einmal das Problem, sie verzichtet nie, Verzicht ist für die Mittelmäßigen wie auch der Mißerfolg. Arme Lucienne, sie bildete sich ein, unter anderen Bedingungen hätte es glücken können. Es gibt keine objektiven Bedingungen. Habe ich je das Gefühl gehabt, eine Glut glimme unter der Asche? Ah lala... Ich kann meine Seele noch so sehr befragen, ich kann sie durchforschen, ich entdecke darin keine Spur einer tieferen Schwingung. In den grauen Räumen meines Innern sind nur Trümmer unter anderen Trümmern, unter anderen Trümmern. Doch wo Trümmer sind, gab es vielleicht einst einen Tempel, lichte Säulen, einen erleuchteten Altar? Das ist nur eine Annahme. Tatsächlich hatte es wahrscheinlich nie etwas anderes gegeben als das Chaos.

Jacques Dupont blieb als letzter. Dreizehn Jahre lang haben wir uns an demselben Tisch gegenübergesessen und gearbeitet: Listen, Listen, Listen. Ein, zwei Wochen, bis ein Ersatz gefunden ist, wird er doppelt arbeiten müssen; hat der Chef den Ersatz übrigens nicht schon bestimmt? Dupont wird sich an den andern gewöhnen müssen, die Angewohnheiten des Neuen werden ihn nervös machen und abstoßen, dann wird er sich damit abfinden und sie nicht mehr bemerken. Es wird ihm um mich leid tun. Ich werde ihn ab und zu besuchen müssen, ihn zum Beispiel am Ausgang erwarten, um mit ihm einen Apéritif zu trinken wie in der Vergangenheit, die ihm schon wie die gute alte Zeit erschien. Und dann werde ich ihm meine Adresse geben, nicht wahr, und er wird mich besuchen. »Gewiß«, sage ich, »gewiß.« – »Aber vielleicht, wenn du reich bist ...« – »Nein, nein, ich vergesse euch nicht, wie sollte ich? Man vergißt nichts, nicht das Gute, nicht das Böse, und schon gar nicht jemanden wie dich, der...«

Kurz und gut, er aß noch mit mir im Bistrot zu Mittag. Wir luden den Wirt zu einer Runde ein, dann spendierte er uns eine.

»Sie besuchen uns doch, Monsieur, man vernachlässigt seine alten Freunde nicht so einfach. Fünfzehn Jahre lang haben Sie bei mir gespeist. Ich habe Sie gut bedient. Restaurants gibt es überall, ich weiß, und Bistrots auch, aber nirgends wird man so gut für Sie sorgen wie hier. Was darf ich Ihnen servieren?«

Jacques und ich saßen an einem Tisch am Fenster. Es war düster. Wir bestellten Pâté, Sardinen, Boeuf Bourgignon, Kaffee und zwei Flaschen Beaujolais, tranken noch einen Kaffee, mehrere Portionen, mehrere Schnäpse, dann ging er, dann ging ich.

Ich wollte möglichst schnell umziehen. Seit Jahren wohnte ich in einem kleinen Zimmer in einem kleinen

Hotel. Im Winter war es dort ganz schön warm. Im Sommer zu warm. Ich hatte ein Bett mit einer roten Decke, einen Schrank, einen Stuhl, einen Tisch, ein Waschbecken, und die Toilette war auf dem Gang draußen. Da auf dieser Etage mehrere Mieter wohnten, mußte man oft Schlange stehen. Zuweilen gab es Streit. Ich war gezwungen, sehr früh aufzustehen, um der Erste zu sein, dann konnte ich noch dreiviertel Stunden schlafen, denn ich brauchte erst um halb neun bei der Arbeit zu sein. Um dreiviertel neun wurde die Anwesenheitsliste fortgenommen, und für jeden Tag, an dem man nicht gezeichnet hatte, mußte man Strafe zahlen. Mein Zimmer befand sich im letzten, im sechsten Stock. Es war etwas abgeschrägt. Es hatte einen kleinen viereckigen Balkon mit einem Eisengeländer. Es war hell im Zimmer. In einer Ecke hatte ich etwa zwanzig Bücher. Gern hätte ich mehr gehabt, aber ich hatte weder Bücherschrank noch Regal. Wenn ich ein Buch gelesen hatte, warf ich es weg. Ich behielt die »Besessenen« von Dostojewsky, die »Elenden« von Victor Hugo, die »Drei Musketiere«, den »Graf von Monte Christo«, Erzählungen und Novellen von Kafka, Arsène Lupin und Rouletabille. Sonntags ging ich ganz allein ins Kino. Ich hatte keine Freundin mehr und war zu schüchtern, eine Frau auf der Straße anzusprechen wie Jacques Dupont, der fand, die Straße sei der geeignetste Platz für Begegnungen – vielleicht prahlte er auch nur. Nach dem Kino schlenderte ich ein wenig durch die Straßen, sah zerstreut die Schaufenster an, drehte mich um, beobachtete weniger zerstreut die Frauen, manchmal ging ich in einen zweiten Film, einen Krimi gewöhnlich, oder setzte mich auf die Terrasse einer Brasserie und trank Bier auf Bier.

Ein bißchen langweilte ich mich schon. Wir alle wissen, daß nichts trauriger ist als ein Sonntagnachmittag. Die jungen Paare – die schwangere Mutter schob den Kinderwagen mit dem Baby, der Papa daneben hielt ein anderes Kind an der Hand – reizten mich, sie zu töten oder mich umzubringen. Doch nach dem dritten oder vierten Bier wurde alles komisch, ja sogar lustig. Bei Einbruch der Dunkelheit wurden die spazierenden Familien durch weniger spießige Leute oder Silhouetten ersetzt. Nach zwei weiteren Glas Bier empfand ich so etwas wie Glück. Ich fühlte meinen Körper nicht mehr. Ich lächelte selig. Ich betrat mein kleines Hotel und schloß schwankend meine Zimmertür auf. Ich konnte mich kaum ausziehen, warf meine Sachen, wie es kam, auf den Stuhl und mich auf das Bett. Aus Vorsicht stellte ich den Wecker aufgezogen auf meinen Nachttisch, aber ich wache immer oder fast immer auf, bevor er läutet. Das Läuten des Weckers erschreckte sogar mein Unterbewußtsein, so daß ich genau in dem Augenblick, wo der Wecker läuten wollte, aufwachte. Ich schaltete Licht ein und blieb noch ein paar Minuten liegen, wach oder wieder eingeschlafen. Sonntags pflegte ich mich zu betrinken, um zu vergessen, daß am Montag meine Arbeitswoche wieder anfing. Am Montagmorgen Kopfweh, die Zunge klebte mir am Gaumen, es war zum Verzweifeln. Anziehen, waschen, das war für mich noch mehr als an den anderen Tagen eine übermenschliche Anstrengung. Ein Berg. Das alltägliche Bagno war ebenso mühselig, aber es unterschied sich vom sonntäglichen Bagno. Ich wohnte nicht weit vom Bureau. Ich ging hinunter auf die Straße, wo lauter eilige Leute auf dem Wege zu ihrer Alltagshölle waren wie ich. Im Café an der Ecke trank ich rasch einen sehr starken Kaffee mit einem Gläschen Alkohol. Danach fühlte ich mich besser oder neutraler. Gerade am Montag kam ich gewöhnlich zu spät, wenn die Anwesenheitsliste schon fort war und ich nicht mehr zeichnen konnte.

»Wie haben Sie Ihren Sonntag verbracht?« fragte Jacques. »Gut amüsiert?«

»Ich habe so gelacht, daß ich Bauchweh bekam.«

Jacques war verheiratet. Es langweilte ihn, mit seiner Frau ins Kino zu gehen. Er wäre gern allein oder mit einer andern hingegangen. Mich dagegen langweilte es, so allein ins Kino zu gehen. Aber wenn ich erst vor der Leinwand saß, war alles vergessen. Die Story des Films oder die Filme, die ich gesehen hatte zu erzählen, wäre mir schwergefallen. Ich saß da, sah Bilder, die sich bewegten, sah Leute einander verfolgen, sich schlagen und sich gegenseitig mit viel Lärm und Revolverschüssen töten. Jacques dagegen suchte sich die Filme aus. Er ging nicht irgendwohin. Er ist ein kultivierter Mann. Er erzählte mir ausführlich, was er gesehen hatte. Doch ich wußte, daß er sich genau so gelangweilt hatte wie ich. Ohne es sich einzugestehen. Montag ist der unangenehmste Tag der Woche, der unerträglichste. Die ganze kommende Woche über trug ich die Last auf meinem Rücken wie Atlas die Welt trug. Montag abend war ich um ein Sechstel der Last leichter. Und von Tag zu Tag mehr. Freitag abend war ich sozusagen glücklich. Jetzt kam nur noch der Sonnabend vormittag, aber nachmittag hatten wir frei. Ich aß vergnügt und üppig. Ich blieb den Nachmittag über auf dem Bett liegen, und am Sonnabend begann wieder die Angst, denn nur noch der Sonntag trennte mich von dem gräßlichen Montag. Der Montag war zwar der schwerste und lästigste Wochentag, aber der Sonntag war der leerste.

Teufel, Teufel! Ich war selbst schuld. Ich hätte etwas lernen sollen. Mein Vater starb, als ich fünf Jahre alt war. Meine Mutter zog mich auf. Ich weiß nicht, weshalb sie mit ihrer Familie entzweit war. Ich denke, meines Vaters wegen, man hatte die Heirat nicht gewollt. Mein Vater war schon lange tot, aber noch immer hatte sie sich mit ihren Angehörigen nicht ausgesöhnt. Sie arbeitete viel, die Arme, auch in einem Bureau, doch das genügte nicht. Abends wenn sie heimkam, schrieb sie Adressen. Ich half ihr ein bißchen, dann schickte sie mich an meine Schularbeiten. Ich schlief über meinen Büchern und Heften ein. Meine Mutter war unglücklich, daß ich so ein schlechter Schüler war. »Arbeite«, sagte sie, »wenn du nicht arbeitest, wirst du später schon sehen, aber du wirst arbeiten, nicht wahr, Liebling? Du wirst Lehrer, Ingenieur oder Arzt werden. Du wirst ein großer Chef sein. Mit vielen Untergebenen.«

Ich hätte gern gearbeitet, nur um ihr Freude zu machen, sie war so traurig darüber, daß ich mit dem Lernen nicht vorwärtskam. Sie sorgte für meinen Unterhalt, so gut sie konnte, sie beklagte mein Schicksal, nicht ihres: »Du hättest eine schöne Uniform haben können, als Botschafter, Akademiker oder General, mit vielen Orden. Man kann es erreichen, wenn man arbeitet, viele haben es erreicht. Du bist nicht dümmer als andere. Los, nur Mut ...« Ich brachte aus der Schule nur schlechte Noten heim. Sie arbeitete sich tot. Ich absolvierte meinen Militärdienst. Gleich danach verschaffte sie mir diese Stellung dank dem Chef, für den sie Adressen schrieb und der mit dem andern Chef, der meiner werden sollte, befreundet war. »Du hast noch Zeit«, sagte sie, »du hast immer noch Zeit, dein Abitur zu machen. Du kannst abends lernen.« Ich war seit ein paar Wochen in meinem Bureau, als sie plötzlich an einem Gehirnschlag starb. Sie hatte ihre Pflicht getan, sie hatte für mich gesorgt, sie hatte mir einen Arbeitgeber und diese Stellung gefunden.

Ich war voller Gewissensbisse und litt unter meiner Unfähigkeit. Gewissensbisse, weil sie, die Mutter, zweimal ihr Leben verpfuscht hatte, das erste Mal meines Vaters wegen, das zweite, weil ich ihren Erwartungen nicht entsprochen und ihr nicht beigestanden hatte und nicht geholfen, ihr Leben wieder sinnvoll zu machen. Ich wollte nicht mehr in der düsteren Zweizimmerwohnung bleiben, mit der Küche, in der sie geschuftet hatte. Darum suchte ich mir ein bescheidenes, auch nicht gerade freundliches Hotel. Und so kam es, daß ich Jacques Dupont gegenüber saß, der mir stundenlang dieselben Witze erzählte. Doch abends, wenn ich von einem Bistrot ins andere irrte, tat er etwas für seine Bildung. Er las Romane und ideologische Bücher. Er hatte sich in eine revolutionäre Partei eingeschrieben. Er arbeitete sich abends ein, verarbeitete es wahrscheinlich im Schlaf, und am nächsten Morgen griff er wütend die Gesellschaft an. Und da ich sein einziges Publikum war, schleuderten seine Augen Blitze, bedrohte mich mit dem Zeigefinger, so daß ich ein schlechtes Gewissen bekam und mich für alle Übel die das »System« angerichtet hat, verantwortlich fühlte. ICH war die üble Gesellschaft, das üble System, der Sündenbock. In Wirklichkeit dauerte das nicht allzu lange, höchstens eine Stunde, denn der Chef oder seine

Sekretärin, die nebenan Bruchstücke seiner Reden hörten, kamen an unsern Schreibtisch und verlangten, daß man arbeite. So beruhigte sich alles, und um zwölf gingen Jacques und ich freundschaftlich miteinander in unser gewohntes Bistrot zum Apéritif. Nachmittags war er zu müde, um seine Schmähreden fortzusetzen, und vor allen Dingen mußten wir tüchtig arbeiten, um die Zeit einzuholen, die wir durch seine Vorträge verloren hatten. Im Herbst wurden Jacques und ich beim Heimweg gewahr, daß jeder Tag ein wenig kürzer war als der vorhergehende. Von Januar an merkten wir, mal er, mal ich, daß die Tage immer um eine Minute länger wurden als die vorhergehenden.

Ich begehrte nicht auf. Ich fand mich auch nicht ab, denn ich wußte nicht, womit ich mich hätte abfinden müssen, und welche Art Gesellschaft ich hätte in Aussicht nehmen sollen, um in Freuden zu leben. Ich war weder traurig noch heiter, ich war da und stand von Kopf bis Fuß eingegliedert ins Weltgeschehen, das nicht anders sein konnte als es war, und nicht diese oder jene Gesellschaft würde daran irgend etwas ändern können. Das Universum war ein für allemal da, mit seinen Tagen und Nächten, seinen Sternen und der Sonne, mit Erde und Wasser, und jede Änderung an dem Gegebenen überstieg die Grenzen der Einbildungskraft. Über uns war der Himmel, die Erde unter unseren Sohlen, da waren die Gesetze der Schwerkraft und andere Gesetze, die gesamte kosmische Ordnung war ihnen unterworfen, und wir, wir gehörten dazu. Immerhin habe ich zwei-, dreimal aufbegehrt. Manchmal kamen die Kommanditäre oder die Aufsichtsratsmitglieder, um zu inspizieren. Wir wurden vierundzwanzig Stunden vorher verständigt. Wir fegten, machten sauber, rasierten uns ordentlich, zogen einen frischgewaschenen und gebügelten Arbeitskittel an und warteten auf die Herren. Vom Chef geführt betraten sie das Bureau. Wir erhoben uns zur Begrüßung. Sie sagten nicht guten Tag, erwiderten unsern Gruß nicht, sie sahen uns nicht einmal. Sie prüften die Archive, die Akten und hörten sich die Erklärungen des Chefs an. Manche behielten den Hut auf, andere trugen gar keinen Hut. Aber alle sechs oder sieben hatten nach dem eben beendeten guten Essen ein feuerrotes Gesicht. Und sie trugen alle das rote Bändchen oder die Rosette der Ehrenlegion.

Sowie die Tür sich hinter ihnen geschlossen hatte, brüllte Jacques Dupont: »Und so was ernähren wir. Von unserm Schweiß und unseren Mühen werden sie fett.«

Jacques Duponts Behauptung schien mir in der Form übertrieben, denn weder er noch ich schwitzten bei unserer Arbeit, gemütlich an unserem Schreibtisch sitzend. Daher dauerte mein Zorn nicht lange: Rot wie sie sind, sagte ich mir, werden sie bald an einem Schlaganfall sterben. Was waren wir denn, Jacques Dupont und ich, zwei Männer, zwei unselige Insekten unter drei Milliarden anderen. Die Gesellschafter waren nur sechs oder sieben unter drei Milliarden anderer Wesen unserer Art. Wodurch und durch wen sie ersetzen? Ob die Gesellschaft sich ändert oder nicht, ich war einer von denen, die mitgerissen werden.

Und doch war mir nicht wohl in meiner Haut. Ich wußte nicht, wie ich mich drehen und wenden sollte, um sie nicht oder so wenig wie möglich zu spüren. Ab und zu, besonders als Heranwachsender, hatte mich das Weltgeheimnis verwirrt. Ein grenzenloses Universum ist für unser Verständnis unbegreiflich. Und doch hatte man uns in der Schule gelehrt und überall wiederholt, daß das Universum unendlich sei. Und dann hatte man mir gesagt, das Universum sei endlich und nicht unendlich, und das schien mir noch unbegreiflicher, wenn man so sagen kann, denn was kommt »nachher«? Es ist wahrscheinlich, daß das Universum weder endlich noch unendlich ist, denn die Wörter endlich oder unendlich sind Ausdrücke, die nichts besagen. Wenn man sich weder das Endliche noch das Unendliche, noch das Nicht-Endliche noch das Nicht-Unendliche vorstellen kann, elementare und so einfache Dinge, daß man geschaffen sein sollte, sie zu begreifen, was könnten wir dann anderes tun als nicht zu denken? Unser ganzer Verstand tappt im Chaos. Was können wir von der Gerechtigkeit, von der physischen Ordnung, von der Geschichte, den Natur-, den Weltgesetzen wissen, wenn uns die einfachsten Grundlagen unseres Begriffsvermögens unbekannt sind. Nur nicht denken. An nichts denken. Über nichts urteilen. Sonst werde ich verrückt. Aber was ist ein Verrückter? Wieder eine Frage, die man sich nicht stellen darf. So habe ich jahrelang dem Augenblick gelebt, einem Augenblick ohne Kommentar, einem unbestimmten Augenblick. Und doch hatte dieser Augenblick eine Geschichte, denn es gab Lucienne, Juliette, Jeanine. Es gab eine Zeit, Wochenenden und Wochenanfänge. Und dann einen Organismus, den ich allmählich als etwas Lastendes, Unangenehmes empfand, als etwas, das Ich war doch nicht Ich. Das Unbehagen *zu sein* und der Überdruß hatten mich unwillkürlich und trotz meiner simplen, rudimentären Philosophie erfaßt,

Überdruß und Unbehagen hatten mich wider meinen Willen und trotz des Panzers des Nicht-Denkens durchdrungen. Täglich ins Bureau gehen war nicht mehr eine Gewohnheit, es war ein Zwang. Ich erklärte es mir nicht. Es gibt nichts zu erklären. Doch ich litt. Vor allem nicht länger Jacques Dupont oder Pierre Ramboule oder den Chef sehen, das war so etwas wie Glück. Nur fort, mich befreien! Also gab es beim absoluten Nicht-Begreifen doch ein paar kleine Dinge zu begreifen. Wenn man auch das Universum nicht begreifen, noch seine großen Gesetze definieren kann, vermag man immerhin im Rahmen des großen Unendlichen oder weder-Endlichen noch Nichtunendlichen ein kleines Universum aussparen.

Wir waren ganz am Anfang Oktober. Es war noch schön und warm. Ich ging auf die Suche nach einer Wohnung. Erst dachte ich daran, in einer großen Avenue mit vielen Bäumen zu wohnen. Oder vielmehr gegenüber einem Park, den Buttes Chaumont zum Beispiel. Dann sagte ich mir, vielleicht wäre es besser, in Versailles zu wohnen, irgendwo um den Park herum. Doch da gab es nichts außer öffentlichen Gebäuden oder viel zu teuren Wohnungen. Ich mußte wirklich achtgeben. Denn ich wollte lange von meinen Renten leben. Würde bei dem immer teurer werdenden Leben mein Kapital lange genug reichen? Ich mußte es anlegen. Man riet mir, Aktien oder Obligationen zu kaufen, aber davon verstand ich nichts und hatte kein Zutrauen. Und wenn ich mich an dem Unternehmen eines Bekannten, dem Rivalen meines früheren Chefs beteiligen würde? Der Verwalter des kleinen Hotels, in dem ich wohnte, wollte es renovieren; es sollte nicht länger ein Hotel für Angestellte mit kleinem Gehalt sein, die wenig bezahlten wie ich bisher einer war – glücklicherweise war ich es nicht mehr. Einen Bauernhof konnte ich mir nicht kaufen, ich verstand nichts von Feldarbeit, ich hatte nie mehr als achtundvierzig Stunden auf dem Lande verbracht. Das Angebot des Hoteliers reizte mich einen Moment. Eigentlich wollte er aus dem Hotel ein Stundenhotel machen. Und dann sagte ich mir, ich würde zuviel Ärger mit der Polizei und den Leuten aus dem »Milieu« bekommen. Der Hotelier versicherte mir, er habe Freunde auf beiden Seiten. Das war mir keine Beruhigung. Für mich war es das beste, mich nicht mit Geschäftsleuten einzulassen. Tagsüber ging ich auf die Suche nach einer geeigneten Wohnung, nachts wälzte ich mich in meinem Bett, ohne einschlafen zu können, denn ich dachte an das Geld, das mir vom Himmel gefallen war und das ich auf Nummer sicher anlegen wollte. Eines Morgens, als es dämmerte, fiel mir ein Satz ein, den ich während ich weiß nicht mehr welcher Unterhaltung gehört hatte; es war schon lange her, vor meiner Erbschaft: »Ich werde mein Geld in Steinen anlegen.« Aber ja, Häuser kaufen und sie vermieten. Wem vermieten? An Leute, die nicht bezahlen oder schlecht bezahlen oder die alles verkommen lassen oder die gewisse Rechte haben und mich hindern, die Mietpreise zu erhöhen, wenn die Lebensmittelpreise steigen?

Trotz alledem verließ ich morgens pfeifend mein Hotelzimmer, stieg vergnügt die Treppe hinunter auf die Straße, um zehn oder elf Uhr, wann ich wollte. Das war lustig, ich fühlte mich glücklich, und dann wurde mir klar, daß es gar nicht so lustig war und daß ich im Grunde nicht vollkommen glücklich war. War ich von einer Last befreit? Von der Last zu leben? Tatsächlich bin ich von Geburt an bedrückt. Das Weltall schien mir eine Art großer Käfig zu sein oder vielmehr eine Art Gefängnis, der Himmel, der Horizont schienen mir Mauern, hinter denen etwas anderes sein müßte, aber was? Ich war innerhalb eines unermeßlichen Raumes und doch eingesperrt. Oder vielmehr, es war ein großes Schiff und ich darin und darüber der Himmel wie ein großer Deckel. Wir waren eine Menge von Gefangenen. Mir schien, den meisten von ihnen war nicht bewußt, daß sie Gefangene waren. Was war jenseits der Mauern? Immerhin war mir etwas Gutes passiert, das tägliche Bagno, das kleine Gefängnis innerhalb des großen, dieses kleine Gefängnis hatte mir sein Tor geöffnet. Ich durfte durch die großen Alleen, die großen Avenuen des großen Gefängnisses spazieren. Man konnte diese Welt mit einem zoologischen Garten vergleichen, in dem die Tiere eine Art halber Freiheit genießen, mit falschen Bergen, künstlichen Wäldchen, mit so etwas wie Teichen, aber immer mit Gittern ringsherum.

Indessen mußte ich mir eine Wohnung suchen. Ich suchte in Neubauten. Doch die Mauern zu sehen, die errichtet wurden, machte mich krank. Die neu entstehenden Mauern ähnelten mehr als die alten Mauern der alten Häuser Gefängnismauern. Man hat den Eindruck, die Mauern alter Häuser seien schon ein wenig verfallene Mauern, durch die man mit der Zeit hinausschauen könne. Obwohl dies Draußen auch nur ein geräumigeres Drinnen ist. Für das Geschäftliche war mir endlich ein Arrangement gelungen. Ich teilte mein Kapital in drei Teile und übergab es drei Notaren, die sich verpflichteten, mir 7% zu zahlen. Sie verliehen Geld an verschiedene Leute, die sich Häuser bauten. Wenn die Gläubiger alles zurückgezahlt hatten, fanden die Notare andere Personen, um ihnen Geld zu leihen. Für mich war dies die beste Lösung, denn die Notare bestätigten mir, was ich selbst schon gedacht hatte, daß es unvorsichtig wäre, Papiere, Aktien in diesem Moment der allgemeinen finanziellen und ökonomischen Krise zu kaufen. Schließlich fand ich eine Wohnung. Eine Wohnung, die mich in keiner Weise an die traurige, feuchte Wohnung erinnerte, die ich mit meiner Mutter bewohnt hatte, noch weniger natürlich an mein Hotelzimmer.

Sie lag in einem nahen Pariser Vorort. Im dritten Stock eines weder alten noch neuen Hauses, im Jahre 1865 ziemlich solide gebaut. Die Diele war dunkel. Links vom Eingang die Toilette, gleich dahinter die Küchentür. Die Wände waren ziemlich schmutzig, aber mit einem einmaligen Anstrich würde es gehen. Rechts führte eine Glastür zu einem großen dreifenstrigen Zimmer, das sehr hell und groß war. Ich beschloß es zu meinem Wohn- und Speisezimmer zu machen. Der Korridor machte eine Biegung nach links und führte zum Bad und zwei weiteren Zimmern. Die hinteren gingen zum Hof hinaus. Ich beschloß, eins davon zu meinem Schlafzimmer zu machen. Und das andere? Das gäbe einen Abstellraum für meine Koffer und wäre zugleich Garderobe für meine Anzüge. Der große Raum war ein Eckzimmer. Zwei Fenster gingen auf die Avenue hinaus, das andere auf eine kleine Straße mit Einfamilienhäuschen, von Höfen oder Gärtchen umgeben. Durch die Avenue fuhren dicke Lastwagen und Autobusse, die das Haus leicht erschütterten. Der Lärm störte mich nicht. Die Bushaltestelle war genau gegenüber von meinen zwei Fenstern auf der andern Seite der Straße. Um mich herum war alles, was man braucht. Zwei Schritte vom Haus ein Restaurant mit einer Bar, wo ich essen konnte. Zwei Häuser weiter ein Waschsalon. Neben der Bushaltestelle ein Zeitungs- und Tabakkiosk, daneben ein Geschäft mit Radioapparten und elektrischen Küchengeräten. Aber vom andern Fenster aus fiel mein Blick nur auf die kleine Straße. Man hatte den Eindruck, man befände sich sehr weit in einer kleinen Provinzstadt. Ich wurde mir schnell klar darüber, was aus dieser doppelten Sicht zu machen wäre. Nur drei Meter und ich würde von der Großstadt aufs Land reisen können. Ich entschloß mich, so schnell wie möglich einzuziehen. Die Wohnung gehörte einer alten Frau, deren Mann vor kurzem gestorben war. Sie machte Zukunftspläne. Sie würde zu einer unverheirateten Nichte, einer Kassiererin, ziehen. Diese hatte zwei kleine Zimmer, das genügte für beide. Die Nichte wollte aufhören zu arbeiten. Von ihrer kleinen Rente und dem Geld, das die alte Dame dazugab, konnten beide bescheiden aber recht bequem ziemlich lange leben. Vielleicht zehn oder sogar fünfzehn Jahre, wenn sie achtgaben. Sie würde keine fünfzehn Jahre mehr leben. Und die Nichte könnte mit dem Geld, das ihre kleine Wohnung an der Côte ihr einbrächte, wenn sie es Amerikanern vermietete, in einem anständigen Altersheim unterkommen.

Ein paar hundert Meter weiter war ein Möbelgeschäft. Glücklicherweise war es kein Antiquitätenhändler, und die Möbel, die er verkaufte, glänzten und waren neu. Selbstverständlich hatte er nicht alles im Laden, aber er konnte aus dem Hauptgeschäft in der Stadt kommen lassen, was ich wollte. Alles war gute Ware, von geschickten und zuverlässigen Handwerkern hergestellt. In das erste Zimmer ließ ich an die rechte Wand ein großes gelbes Büfett stellen; Stil unbestimmt. Ungefähr 1925, sagte der Händler, nach einem älteren Modell leicht verändert kopiert. In die Mitte des Zimmers ließ ich einen runden Tisch bringen, der für sechs Personen gedacht, aber auszuziehen und mit Platten zu vergrößern war, so daß zehn Personen daran platznehmen konnten. Ich würde kaum so viele Personen bei mir haben, aber man weiß ja nie... vielleicht versöhne ich mich eines Tages mit meinen Verwandten, den Neffen und Nichten meiner Mutter. Vielleicht würde ich Bekanntschaften schließen, vielleicht würde ich Verkehr haben. Ich bestellte auch Stühle, ebenfalls gelb und solide. Ich stellte sechs Stühle rund um den Tisch, vier andere an die Wand zwischen die Fenster zur Avenue, die beiden letzten neben die Wohnzimmertür, ich ließ keinen Teppich legen, nur unter den Tisch einen runden, rosaroten. Ich liebte Komfort. Ich bestellte für den Wohnzimmerteil zwei Sessel und stellte sie auf. Gegenüber dem hintern Fenster zur Avenue stellte ich einen blauen Sessel. Neben das Fenster zu der kleinen Straße ein ebenfalls blaues Canapé. Auf diesem Canapé würde ich liegen und meine Zeitung lesen. An die Decke ließ ich einen Kronleuchter hängen. Neben das Canapé rückte ich eine Stehlampe mit orangefarbenem Schirm. Fenstervorhänge, rote, schwere, mit grünen Blättern gemusterte Vorhänge machten einen komfortablen und reichen Eindruck. Neben das Büfett kam eine

Standuhr. Ich ließ bohnern, denn ich mag ein gut gewachstes Parkett. Erst wollte ich Neonlicht einrichten lassen, aber man riet mir ab. Nur in die Küche kam es. Schön war das Zimmer mit seinen ganz neuen Möbeln. Die Küche wurde ganz modern eingerichtet. Ins Schlafzimmer kam ein großes Bett, in dem zwei oder drei Personen schlafen könnten. Ich habe gern viel Platz im Bett, denn ich drehe mich nachts sehr viel herum. Ich kaufte einen Schrank und einen Garderobenhalter. Neben das Fenster kam ein kleiner Sessel mit geblümtem Stoff überzogen und Vorhänge, in den Farben zum Sessel und zu der Bettdecke passend: grün und rosa.

Ich kaufte mir im Warenhaus Bestecke, Teller und Tassen vom selben Service mit Rosenmuster. Ich kaufte mir auch ein Frühstücksservice für zwei Personen. Die Löffel waren aus Silber, die Tassen hatten Goldrand. Ich stellte alles mit einem chinesischen Tablett auf das Büfett. Das Frühstücksservice werde ich nur sonntags benutzen, dachte ich.

Ich kaufte Bettücher, Kopfkissenbezüge, ich kaufte mir einen neuen Anzug von der Stange für die Feiertage: einen schönen graukarierten Anzug. Ich ließ meine schmutzigen Sachen im Hotel und behielt nur eine braune Jacke und eine schwarze Samthose. Von Büchern nahm ich »Die Elenden« von Victor Hugo, »Die drei Musketiere« von Alexandre Dumas mit und fügte »Zwanzig Jahre später« des Grafen Bragelonne hinzu.

Noch zog ich nicht aus dem Hotel aus; ich mußte warten, bis ich eine Wirtschafterin fand. Mit einem Besen oder einem Staubsauger umzugehen war mir unmöglich. Die letzten Tage, die ich im Hotel verbrachte, waren Tage der Freude und der Melancholie zugleich. Eine ganze Vergangenheit: Jeanine, Juliette und Lucienne, der tägliche kurze Weg ins Bureau, das Bistrot, all das war vorbei. Ein schönes Leben: eine ganze Existenz aus Staub und Papier im Bureau, mein Hotelbett, das oft bis zu meiner Rückkehr abends nicht gemacht war, weil es an Personal fehlte, die alte bucklige Putzfrau, die sich solche Mühe gab. Das Aufwachen morgens, die wilde Hetze ins Bureau in der Hoffnung, noch die Anwesenheitsliste vorzufinden, die Freude, wenn ich noch zur Zeit kam und abzeichnen konnte, die Wut, wenn ich dreißig Sekunden zu spät kam, all das schien mir eine Art Glück zu enthalten, das ich erst jetzt entdeckte, eine Schönheit des Staubes, der überfüllten Straße, der Leute, die wie ich zu ihrer Arbeit eilten, hunderte und aberhunderte grauer Mienen, Gesichter, die nur Wolken waren, die uns gewiß die Sonne verstellen, die wir alle unbewußt in uns tragen. Die Vergangenheit ist immer schön und gut, nur erkennt und bedauert man sie zu spät. Wir brauchen einen gewissen Abstand, ganz gleich ob wir Minister oder Tintenkleckser, Milliardär oder Stromer sind. Aber ja, aber ja, die besonnte Welt tragen wir in uns, die Freude könnte jeden Moment ausbrechen, wenn man wüßte, ich meine, wenn man zur Zeit wüßte. Wie schön ist die Häßlichkeit, wie froh ist die Traurigkeit, die Unlust entspringt nur unserm Unwissen. Die eisigste Kälte kann der Herzenswärme nicht widerstehen. Vorausgesetzt, man drücke auf den rechten Knopf, damit sie sich entzünde. Im Grunde tut es uns um alles leid, ein Beweis, daß es schön war.

In der Tat kamen mir die euphorischen Gedanken an der Theke des Bistros nach ein paar Glas Alkohol. Dabei hätte ich bleiben sollen. Nicht zuviel trinken, denn sonst siegt die gegenteilige Vision. Und dann versinkt alles in Grau und Elend, und man bedauert, um nichts und wieder nichts in einer Welt der Misere gelebt zu haben. Die Gnade durch Alkohol ist prekär. Die Gnade oder die Hellsichtigkeit. Wann erwache ich zur Wahrheit? Wenn ich nur Elend und Verderbnis sehe, oder wenn ich denke, die ganze Schöpfung sei ein leuchtender, blühender Mai? Wir wissen nichts. Wir haben weder das Recht noch die Möglichkeit zu urteilen, wir müssen Zutrauen haben. Zu wem?

Mir wurde klar, daß ich zu viel dachte, ich, der ich mir vorgenommen hatte gar nicht zu denken, was viel weiser ist, da ja sowieso keiner irgend etwas begreift.

Ich philosophiere zuviel, das ist mein Fehler. Wäre ich weniger Philosoph gewesen, ich hätte glücklicher gelebt. Man soll nicht philosophieren, wenn man kein großer Philosoph ist. Und selbst diese, die großen, sind pessimistisch oder gelangen zu Schlüssen, die zu verstehen uns unmöglich ist. Oder aber sie raten uns, all unsern Wünschen stattzugeben: wo kämen wir hin? Mindestens eine gute Hälfte der Menschen haben barbarische oder verdrängte Wünsche. Wenn sie ihnen nachgäben, wenn sie ihnen freien Lauf ließen, würden sie einander umbringen, vielleicht Selbstmord verüben, aber daß sich alle gegenseitig umbringen, daß sie ihren Wünschen freien Lauf lassen, das ist nicht möglich, denn die Polizei würde es verhindern... Es sei denn, die Polizisten wollten gleichfalls ihren Wünschen freien Lauf lassen, aber das ist unmöglich außer in Zeiten der Revolution, wo alle Leute sich töten und behaupten, sie täten es, damit alle Menschen leben, besser leben. Revolution bringt Tyrannei, sie bringt und festigt sie rasch, und die heftigsten Wünsche werden geknebelt. Aber viele Leute wollen gar nicht, daß ihre Wünsche zum Ausbruch kommen, weil sie sich diese Wünsche nicht eingestehen, oder weil sie nicht stark genug sind, oder weil sie überhaupt keine Wünsche haben. Ich habe keine Wünsche oder ich habe kaum welche oder ich habe keine mehr. Wenn ich welche habe, lohnt es sich nicht sie auszuwerten oder überzubewerten. Vielleicht habe ich doch Wünsche. Dann schlafen sie, und ich will sie nicht wecken. Was habe ich an Wünschen? Man soll mich in Frieden lassen. Und die andern sollen mich mit ihren Wünschen in Ruhe lassen und mich damit nicht reizen. Ich wünsche vor allem, keine Wünsche zu haben. Und doch merke ich, daß ich welche habe. Schön, der Wunsch nach Frauen ist erloschen. Für immer, hoffe ich. Übrigens war er nie stark. Das hat mich vor Frauen gerettet, doch auf Wein habe ich Lust. Das macht wach und erhält ein klein wenig Lebenslust. Sonst wäre alles schon erloschen, und ich wäre schon tot.

Ich habe mir oft gesagt, ich wäre wegen der Zeitungen so unglücklich. Auf dem ganzen Planeten gibt es nur massenhaft Totschlag, Rebellionen, Morde aus Leidenschaft, Erdbeben, Brandstiftungen, Anarchien und Tyranneien. Eigentlich bin ich beinahe ständig unlustig. Vielleicht weil ich zuviel Zeitung gelesen habe. Ich werde keine mehr lesen. Wir haben das Glück, auf dem letzten Stückchen Erde zu leben, wo es noch nicht brennt. Genießen wir es. »Schämen Sie sich nicht, um nichts und wieder nichts zu leben?«, fragte eines Tages Pierrre Ramboule oder Jaques, ich weiß nicht mehr wer. Wenn ich in mich schaue, merke ich, daß ich mich nicht schäme: ist es besser, andere ins Massaker zu treiben, oder ist es besser, sie leben und sterben zu lassen, wie sie wollen? Ich fühle nicht das Bedürfnis, diese Frage zu beantworten.

Das Zimmermädchen im Hotel hatte eine ebenfalls bucklige Schwester, eine jüngere, sagte sie mir, die die Arbeit nicht scheute, weil sie, vom Buckel abgesehen, gesund sei. Sie gab mir die Adresse, nicht weit von der Porte Châtillon, wo ich meine Wohnung hatte.

Ich nahm meinen letzten Koffer, verabschiedete mich endgültig vom Hotelier. Ich ließ ein Taxi rufen. Ich schaute auf die Straße, sah mir die Leute an, die aus dem Bureau kamen, denn es war Mittagszeit. Viele meiner einstigen Kollegen aßen in der Kantine, die der Chef gemeinsam mit andern kleinen Unternehmen eingerichtet hatte. Manchmal bin ich auch hingegangen, es gab einen sehr guten Kartoffelsalat mit Hering. Es regnete ein bißchen. Ich stieg ins Taxi.

Wir brauchten lange, um durch Paris zu fahren, dies Gewimmel! Diese Stauungen um eine Zeit, wo die Leute eigentlich beim Mittagessen sein sollten. Vom Nordbahnhof bis zur Avenue Châtillon ist es weit. Straßen über Straßen, alle gleich, auch die Leute alle gleich. Zehntausende, die sich glichen, sie liefen, sie gingen schnurgerade vorwärts, als hätten sie ein bestimmtes Ziel, ein genaues. Man sollte meinen, die Straßen seien mit Hunden bevölkert. Nur Hunde laufen so, als wüßten sie wohin. Am Pont Saint-Michel regnete es nicht mehr. An der Rue des Ecoles verzogen sich die Wolken, und die Sonne kam heraus. Aber überall, überall dieselben Leute, einer wie der andere. Als wären ein, zwei Personen unendliche Male vervielfältigt. Es war ein Uhr zehn, als ich zu Hause war. Ich kam mit meinem Koffer und begrüßte die Hausmeister. Es war ein Rentnerehepaar, er groß, dick, sehr rot, sie kleiner, weißhaarig, mißtrauisch und säuerlich aussehend, selbstverständlich. Sie fühlte sich wirklich als Concierge. Ich hatte sie schon gesehen, als ich ein paarmal ins Haus kam, bevor ich die Wohnung kaufte. Sie spielte ihre Rolle als Concierge so, daß man meinte, sie sei überhaupt nichts anderes, eine Frau zum Beispiel.

Sie sagte: »Ihr Mädchen ist gekommen, Monsieur, ich habe ihr den Schlüssel gegeben, sie ist oben bei Ihnen.«

»Ja, ich habe ihr gesagt, sie möchte hinaufgehen.«

Mit meinem Koffer die Treppe hinaufzusteigen war einfach. Er war nicht schwer.

»Mein Mann wird Ihnen helfen...«

»Keineswegs, keineswegs.«

»Sie wollen sich wirklich nicht helfen lassen mit Ihrem Koffer?«, sagte der Concierge.

Im dritten Stock, links von der Treppe, befand sich meine Wohnung. Ich klingelte. Jeanne, das Mädchen, machte mir auf. Rechts vom dunklen Eingang lag das Wohnzimmer. Es war sehr hell, die Wolken hatten sich ganz verzogen, und über den Häuserdächern der Straße, die so provinziell aussah, war blauer Himmel. Zwei alte Frauen standen vor ihrer Haustür und unterhielten sich. Etwas weiter rechts auf dem Gehsteig diskutierten zwei Männer, die aussahen wie Rentner.

Vor dem andern Fenster, das auf die Avenue Châtillon hinausging, Gedränge, Lärm, der Autobus. Ich bemerkte wieder den Unterschied zwischen der Stille der kleinen provinziellen Straße und dem Getöse der Avenue.

»Wissen Sie, ich habe mir große Mühe gegeben«, sagte Jeanne.

»Ja«, antwortete ich, »das Parkett ist gut gebohnert. Man muß sich in acht nehmen, damit man nicht hinfällt. Aber ich mag es, wenn der Boden gut gewachst ist. Und das Büfett da ist schön sauber und glänzt. Danke, Jeanne.«

Sie half mir meinen Mantel abzulegen und hing ihn an den Garderobenständer im Korridor:

»Den müßten Sie anderswo hinstellen, Monsieur. Der Ständer steht zu nahe an der Küche. Ihr Mantel könnte nach Fett riechen. Ich habe beim Metzger Fleisch gekauft, ein Schnitzel. Soll ich es Ihnen braten?«

»Nein«, sagte ich, »nein. Es kann für morgen bleiben. Legen Sie es in den Kühlschrank. Sie kommen doch morgen, nicht wahr? Das Bett machen und die Wohnung gut bohnern. Ich liebe frische Bettwäsche und mag kein schmutziges Geschirr sehen.«

»Ja«, sagte sie, »in dem Hotel, wo Sie gewohnt haben, war es sicher nicht sehr sauber.«

»Deshalb will ich es ja anders. Kümmern Sie sich nicht um die Sachen im Koffer, das machen wir morgen.«

Ich hatte Hunger und wollte schnell das kleine Restaurant an der Ecke kennenlernen.

Ich ging, die Hand am Geländer, die Treppe hinunter und betrachtete den abgetretenen Teppich. Man konnte nicht mehr erkennen, welche Farben er wohl gehabt haben mochte. Die Concierge war im Erdgeschoß, ich lächelte ihr zu, worauf sie mit einem Zähneknirschen antwortete, einem schwer zu deutenden Feixen. Ich war noch nicht in Gnaden aufgenommen, es braucht immer eine gewisse Zeit bis man als zugehörig empfunden wird. Ich öffnete die Glastür zum Gang, schritt durch den Gang, dessen Tür offen stand, ging hinaus nach links in die ruhige Straße, dann nochmals nach links, und nach ein paar Schritten befand ich mich im Straßenlärm. An der Haltestelle warteten die Leute auf den Autobus, die meisten schienen zum Essen nach Hause zu gehen, später würden sie wieder einen Autobus nehmen müssen, um an die Arbeit zurückzukehren. Ein großer Lastwagen verbarg sie mir ein paar Augenblicke. Dann erschienen sie wieder, der Autobus kam, sie stürzten sich hinein. Neben mir, ein paar hundert Meter weiter, war ein Betrieb, Bureaus. Ich schätzte mich glücklich, daß ich keinen Autobus mehr nehmen mußte, noch mich mit dem Essen beeilen, um möglichst schnell wieder an der Arbeit zu sein. Ich hatte keine Arbeit mehr. Ich öffnete die Tür des kleinen Restaurants. Beinahe alle Tische waren besetzt von Arbeitern und kleinen Angestellten, die gemächlicher aßen als ihre Kollegen, weil sie keinen Autobus zu nehmen hatten, um wegzufahren und wiederzukommen, für sie war das Zeitersparnis. Jemand stand auf von seinem Tisch, es war ein kleiner Tisch für eine Person, höchstens zwei, in der Ecke am Fenster. Ich setzte mich hin, mit dem Rücken zum Saal, ich mag nicht alle diese Leute essen sehen. Das Fenster war mir lieber. Die Kellnerin räumte Teller und Bestecke ab, die der Herr, der fortgegangen war, benutzt hatte. Sie ging und kam gleich wieder, um die Papiertischdecke mit den Rotweinflecken durch eine saubere zu ersetzen und Teller und Bestecke zu bringen. Ich bestellte: Heringfilets mit Kartoffelsalat, Boeuf Bourguignon, Camembert und eine halbe Flasche Beaujolais. »Nein, bringen Sie mir lieber eine ganze. Wenn ich etwas übrig lasse, bewahren Sie sie mir für morgen auf, denn ich beabsichtige, alle Tage hier zu essen.«

Draußen ununterbrochener Straßenverkehr. Gelbe, schwarze, rote Autos fuhren vorbei, wenige Taxis, trübsinnige Fußgänger, junge Mädchen, Angestellte, in sehr kurzen, sehr bunten Kleidern, deren Heiterkeit einen Gegensatz bildete zu ihren eher traurigen oder angespannten Gesichtern, denn sie mußten wahrscheinlich wieder an die Arbeit. Vielleicht hatten sie auch andere Sorgen. Das Wetter war ziemlich trübe. Es regnete nicht.

Ich glaube, es war das erste Mal, daß ich wirklich das tägliche Schauspiel in dieser Straße beobachtete. Ich fand das sehr interessant. Sogar aufregend. Es gab eine Fülle von Leuten in dieser Fülle, so viele verschiedene Gesichter und so viele vermutlich identische Gedanken. Oder annähernd. Der Freund, die kleine Freundin, wohin in den Ferien, die sich näherten, das Kind, das kommen würde, und das man nicht erwartete, Kinder, die schon geboren waren, und die man in einen Kindergarten steckt, wenn beide Eltern arbeiten. Jene Alten, die noch arbeiteten. Jener Greis, der sich mit einer kleinen Rente zur Ruhe gesetzt hat und an den Tod denkt, der nicht weit ist und ihm schon die Arme entgegenstreckt. Merkwürdig. Und so ist es seit Jahrhunderten. Und dann die Schüler und dann die Lehrerinnen und die Lehrer. Anderswo, in anderen Straßen, in anderen Stadtteilen, die Reichen. Aber auch ich bin ein reicher Mann, sagte ich mir zufrieden. Ein reicher Mann in einem Armenviertel. Vielleicht hätte ich anderswo wohnen sollen, im sechzehnten zum Beispiel, wo die Häuser schöne Treppen haben und die Concierges höflich sind. Ich schwankte zwischen einer gewissen Melancholie, Traurigkeit, Mattigkeit, etwas wie Ekel und andererseits der Verwunderung, die Leute mit oder ohne Fahrzeug in ständiger Bewegung zu sehen, eilfertig, vorwärtsstürzend, alle in Bewegung. So also rühren wir uns, wie sonderbar das ist! Man brachte mir das Heringsfilet mit Kartoffelsalat, das schreckte mich aus meinem Sinnen auf. Man brachte mir den Beaujolais, ich goß mir ein Glas ein. Bevor ich es an die Lippen führte, verzog sich eine Wolke, und die Sonne überflutete das weiße Tischtuch und den Teller und den Hering und die Flasche. Ich trank das Glas in einem Zug aus, und es war, als sei die Sonne auch in mich hineingedrungen. Es gibt Freuden, wenn man abseits bleibt und nichts tut als schauen. Ich war noch jung, es konnte noch viele Sonnentage in meinem Leben geben. Ich drehte mich um und sah mir all die Leute an ihren Tischen an. In einer anderen Beleuchtung waren es andere. Ich steckte wieder die Nase in meinen Teller. Ich war wie gewöhnlich und aus Gewohnheit zum Essen gekommen, ohne Appetit. Und jetzt plötzlich hatte ich Hunger, das machte die Sonne. Ich aß mit Appetit das Boeuf Bourguignon, den Käse, trank die ganze Flasche Wein aus und noch einen Kaffee unnötigerweise, denn ich mag keinen Kaffee. Aus diesem Grunde bestellte ich mir nach dem Kaffee Schokoladentorte mit Schlagsahne. Ich blieb noch eine Weile sitzen und betrachtete all diese Leute auf der Straße, als hätte ich sie nie gesehen. Ich fühlte mich wohl. Ich fühlte mich sehr wohl. Es war mir unangenehm, gehen zu müssen, aber ich mußte, ich war der Letzte im Gastzimmer. Mit Bedauern stand ich auf, grüßte die Wirtsleute im Vorübergehen und stand auf der Straße. Der Gedanke, daß ich vom Fenster meiner Wohnung aus, auf dem Sofa daneben sitzend oder liegend weiter hinausschauen konnte, machte mich froh. Ich ging um die Ecke, sah wieder die kleinen Häuser mit ihren Gärtchen, hatte wieder das Gefühl, im Augenblick eine lange Reise gemacht zu haben, und betrat das Haus. Die Concierge schob den Vorhang beiseite, sah mich und zog den Vorhang wieder zu. Ich stieg die Treppe hinauf und traf im zweiten Stock eine Dame, die mit einem Hündchen herauskam, das bellte, als es mich sah. »Artig, Filouche«, sagte die Dame zu ihrem Hund. Dann zu mir:

»Entschuldigen Sie, Monsieur, er bellt, wenn er einen nicht kennt, nachher gewöhnt er sich.«

»Macht nichts, Madame, macht nichts.«

Ich stieg eine Treppe höher und klingelte an meiner Tür, keine Antwort. Jeanne war also fort. Ich nahm den Schlüssel aus meiner rechten Tasche, schloß auf und trat ein. Etwas Licht kam aus dem Salon. Ich trat in das sonnenbeschienene Zimmer. Sie hatte wirklich gut gearbeitet, alles war sauber, alles glänzte, das Parkett, der Tisch, das große Büfett. Plötzlich fiel mir ein, daß ich die Abendzeitung nicht gekauft hatte. Ich trat also den Rückweg an, durch die Diele, schloß die Tür ab und ging die drei Treppen wieder hinunter. Die Concierge sah mich durch die Gardine an. Ich ging bis zur Straßenecke, dann nach links, noch mal nach links, der Zeitungs- und Tabakshändler befand sich auf der andern Seite der Avenue. Ich wartete einen Moment, bis die Autos und zwei Motorräder vor dem roten Licht stehen blieben, ging hinüber, kaufte meine Zeitung, wendete mich um und wartete, bis die Wagen in entgegengesetzter Richtung anhielten. Dann überquerte ich die Straße, bog rechts ab, dann, nach ein paar Schritten, wieder rechts. Ich ging ein Stückchen. Ich betrat das Haus. Die Concierge schob wieder die Gardine zur Seite und sah mich an. Ich wendete ihr das Gesicht zu. Als sie merkte, daß ich sah, wie sie mich ansah, zog sie ihre Gardine wieder zu. Ich stieg bis zum ersten Stock, da bekam ich Lust, auf meinem Sofa etwas Alkoholisches zu trinken. Ich hatte vergessen, Jeanne zu sagen, sie solle etwas besorgen. Nochmals hinuntergehen? Ich zögerte ein paar Sekunden. Dann entschloß ich mich und trat den Rückweg an. Ich ging die eine Treppe hinunter und blickte zur Loge der Concierge hinüber, in der Hoffnung, sie werde mich nicht sehen. Sie schob wieder ihe Gardine zurück und zog sie sehr viel rascher wieder zu, die Vorhänge flatterten ein bißchen.

Ich ging durch den Korridor nach links, dann nach ein paar Schritten wieder nach links, am Restaurant vorbei und weiter; an der Ecke war ein Delikatessengeschäft und glücklicherweise nicht geschlossen. Ich kaufte eine Flasche Cognac, kehrte um, wieder am Restaurant vorbei, bog rechts ab, dann um die Ecke und betrat das Haus so würdevoll, wie ich nur konnte, wobei ich die Flasche versteckte. Die Concierge warf nur einen halben Blick durch die Vorhänge. Ich stieg wieder bis zum ersten Stock hinauf, blieb einen Moment stehen, um Atem zu schöpfen, kletterte bis zum zweiten Stock, blieb am zweiten Treppenabsatz stehen, um mich noch ein bißchen zu verpusten. Dann begann ich, mit der Hand am Geländer, die dritte Treppe hochzusteigen. Ich kam auf meinem Flur an, wendete mich nach links zu meiner Wohnungstür, suchte in meiner Tasche nach meinem Schlüssel, er war nicht da. Das machte mich eine Sekunde lang bestürzt. Ich griff in die linke Tasche, da war er. Mir fiel ein, daß ich ihn hineingesteckt hatte. Ich stellte die Flasche Cognac auf dem Türvorleger ab, öffnete die Tür, schloß sie hinter mir ab. Auf der Treppe war ich niemandem begegnet, die Leute waren gewiß bei der Arbeit. Ich betrat das Wohnzimmer. Ich stellte die Flasche hin, legte die Zeitung neben das Sofa, ging wieder in die Diele, um Mantel und Hut abzulegen. Kam zurück, nahm ein Glas aus dem Büfett, dessen Tür ich zumachte, dann ging ich um den Tisch herum auf das Sofa zu. Ich legte mich auf das Sofa am Fenster. Stand wieder auf, um die Schuhe auszuziehen und legte mich wieder auf das blaue Sofa. Ich richtete mich auf, um mir in das Glas, das ich aus dem Büfett genommen hatte, Cognac einzugießen, ich korkte die Flasche zu, trank das Glas mit zwei Schlucken aus, nahm meine Zeitung und legte mich wieder hin. Die Sofalehne war erhöht, ich betrachtete meine grünen Socken. Auf der ersten Seite der Bericht über eine Flugzeugkatastrophe. Irgendwo mitten im Stillen Ozean war ein Flugzeug mit hundertfünfundzwanzig Passagieren und sieben Mann Besatzung verschwunden. Ich betrachtete die Fotos der beiden Hostessen. Die Fotos waren schlecht. Nach den Fotos konnte man nicht wissen, ob sie schön waren. Sie müssen wohl schön gewesen sein nach der Beschreibung zu urteilen. Die eine war ein Meter siebenundsechzig, die andere ein Meter zweiundsiebzig groß. Beide waren blond. Es war eine der großen Flugzeugkatastrophen. Die schwerste seit langem. Ich stellte mir die Hostess vor, die ein Meter siebenundsechzig groß war. Ein Meter zweiundsiebzig, das ist vielleicht ein bißchen groß für eine Frau. Vielleicht hatte sie Lucienne ähnlich gesehen. Sie muß hübsche Beine gehabt haben, und die marineblaue Uniform mit der marineblauen Mütze muß ihr gut gestanden haben. Ob sie wohl blaue oder schwarze Augen hatte? Blaue wahrscheinlich, denn sie war Engländerin, nicht Amerikanerin. Ich war erst zweimal geflogen; das erste Mal nach Marseille, aber zurück kam ich mit der Bahn, denn im Flugzeug war mir nicht geheuer. Das zweite Mal flog ich nach Nizza, eine Großtante aufzusuchen, die im Sterben lag. Dieses Mal war ich ruhiger und befriedigter gewesen. Der Flug war schön, wir flogen durch den blauen Himmel oberhalb der Wolken. Auch diesmal war ich nicht zurückgeflogen. Ich war mit drei Freunden im Wagen zurückgefahren: einem etwa fünfzigjährigen Ehepaar und ihrem zwanzigjährigen Sohn, der sein Medizinstudium beendete. Ich hätte viel weitere Reisen machen sollen und machen können. Jetzt müßte ich reisen, da ich reich war: nach Japan, nach Südamerika. Ich werde es tun, sagte ich mir, ich werde mich eine Zeitlang erholen, ein paar Monate, vielleicht ein Jahr, und danach werde ich vielleicht ein anderes Leben beginnen, ein Leben voller Abenteuer und Vergnügen, aber im Moment noch nicht. Ich war noch nicht imstande, langwierige Vorbereitungen zu treffen, mit einer Agentur zu telefonieren, hinzugehen zur Agentur, Formalitäten zu erfüllen, einen Paß zu beantragen. Mir Sachen zu kaufen, die ein Reisender braucht.

Schöne Sachen. Aber später. Von meinem Sofa aus sah ich den blauen Himmel, und das reizte mich zu fliegen. Und doch konnte ich nicht sagen, ich hätte mich nicht wohlgefühlt auf meinem Sofa. Ich nahm wieder die Zeitung zur Hand: wieder eine Kindesentführung und nahezu überall Krieg. Ich bin ein Egoist, sagte ich mir. Ich fühlte mich glücklich, keinen Krieg mitmachen zu müssen. Welches Glück, daß ich auch keine Kinder hatte, um die ich zittern müßte. Für den Moment, für den Moment war ich glücklich, nicht ins Bureau zu gehen. Kein Mensch kann mich dazu zwingen. Ich trank ein zweites Glas Cognac, korkte die Flasche zu, stellte sie ins Büfett. Ich ging ein bißchen um den Tisch herum, ein paarmal. Das Licht, der Cognac, die Freiheit, all das stimmte mich freudig. Und wenn ich ausginge? Wenn ich meine früheren Arbeitskollegen vor dem Bureau erwartete? Oh, es war so angenehm hier. Ich hatte Zeit. Ich streckte mich wieder auf dem Sofa aus. Ich blieb ein Weilchen liegen. Mal öffnete ich die Augen, mal schloß ich sie, es war eine Träumerei ohne Traum. Ich schlief ein.

Dann stand ich auf. Ich verließ das Wohnzimmer, durchschritt den langen Gang, der einen Knick machte, und inspizierte das Schlafzimmer. Es war hübsch tapeziert, mit Rosen auf weißem Grund. Ich mag Geblümtes sehr. Oder aber der Tapezierer mochte es. Auf jeden Fall gefiel es mir, Blumen auf dem Bett, dem Sessel, den Wänden zu haben. Es ist lustig, wenn man morgens erwacht und überall Blumen sieht. Nicht gerade, daß man ans Land denken muß, aber an einen bestimmten Garten aus meiner Kinderzeit mußte ich denken, in dem ein Freund meiner Eltern, ein Gärtner aus Liebhaberei, lauter Blumen aller Arten gepflanzt hatte. Aber das würde ich morgen früh beim Erwachen sehen. Ich ging wieder durch den dunkeln Korridor, der sehr lang war. Rechts vom Schlafzimmer war das Badezimmer. Ich betrat das Badezimmer und blieb zwei Sekunden dort: Das ist mein Bad, sagte ich mir, ich brauche nicht mehr Schlange zu stehen wie jeden Morgen im Hotel, wo alle Mieter der Etage sich auf die Toilette stürzten. Ich mochte auch diesen dunklen Korridor, das war irgendwie mysteriös, und man konnte wandern. Bis zum Ende gehen, zurückkommen, wieder hin, wieder zurück, das war wie ein unterirdischer Gang oder geheime Korridore, die schöne Kurtisanen ungesehen bis ins Schlafzimmer ihres Gebieters führten. Wieder im Wohnzimmer, sah ich erst auf die Avenue, dann auf die kleine Straße hinaus. Ich war unentschlossen. Wenn ich mich beeilte, konnte ich noch zur rechten Zeit kommen, um ein paar meiner früheren Kollegen beim Verlassen des Bureaus zu treffen. Ich dachte einen Augenblick nach, sagte mir aber dann, ich hätte in meiner neuen Umgebung, um das Haus herum, noch manches zu sehen. Bisher war ich nur durch die kleine provinzielle Straße und durch die Avenue gekommen. Ich war noch nie um den Häuserblock herumgegangen. Es war noch hell draußen, der Herbst begann erst. »Nein, nein, ich werde nicht bis zum Bureau gehen.«

Ich ging ins große Zimmer zurück. Das Blau des Himmels war nicht mehr ganz dasselbe. Die Sonne verlieh ihm nicht mehr den Glanz von vorhin. Erst jetzt, als die Sonne ihn nicht mehr so anstrahlte, wurde mir bewußt, daß der Himmel ein Dach war. Die Erde ist eine Kugel innerhalb einer andern Kugel, die sich wahrscheinlich innerhalb einer andern Kugel befindet, die sich wiederum innerhalb einer andern Kugel befindet, die ... Der Versuch, die Endlichkeit einer Kugel in der Endlichkeit einer andern Kugel zu begreifen und diese in der Endlichkeit einer andern Kugel, in der Endlichkeit einer andern Kugel in der Endlichkeit einer andern Kugel, und all diese Endlichkeiten unendlich miteinander verbunden zu denken, verursachte mir Übelkeit, Kopfschmerzen. Schwindel. Nicht das Vermögen zu haben, das Weltall zu begreifen, zu wissen, wie das, was ist, ist, das ist nicht zumutbar. Abgesehen davon, daß die Form der Dinge, wie wir wissen, nur das Bild ist, das wir uns davon machen... Seit meinem zwölften Lebensjahr beschäftigte mich diese Frage in regelmäßigen Abständen und gab mir dasselbe Gefühl fürchterlichen Unvermögens, Übelkeit. Wie machen es all diese Leute, die durch die Straßen gehen oder ihren Autobussen nachlaufen? Wenn alle anfingen so zu denken oder vielmehr sich das vorzustellen, was unvorstellbar ist, würden sie sich überhaupt nicht mehr bewegen. Ich hatte mir schon gesagt: Denken wir nicht mehr, denn wir können ja nicht denken. Die Menschen verdrängen oder vergessen das Undenkbare, vom Undenkbaren aus denken sie, gründen ihre Gedanken auf das Undenkbare, und auch das ist für mich undenkbar. Und doch haben sie Arithmetik, die Geometrie und Algebra erfunden ... aber auch die Algebra führt an den Abgrund ... Doch haben sie Maschinen konstruiert, Gesellschaften organisiert, sie pfeifen auf das Absolute, auf die Frage ohne Antwort.

Vielleicht ist es törichte Überheblichkeit, an das denken zu wollen, was nicht denkbar ist. Aber es gibt gar keine Überheblichkeit, denn was ist Überheblichkeit? Tatsache ist, daß ich nicht von der Stelle komme. Ich glaube, ich bin an der Mauer der Welt, ich möchte vergessen, ob es ein Jenseits der Mauer gibt oder nicht. Ich entschließe mich nicht, mich von der Mauer loszumachen. Das ist vielleicht eine Krankheit. Ich bin ganz allein am Fuße der Mauer geblieben. Ganz allein wie ein Narr. Sie, sie sind vorwärtsgekommen, sie organisieren sogar Gesellschaften, mehr oder weniger gut allerdings, und es gibt außerordentliche Maschinen. Ich, ich tue nichts als die Mauer betrachten und kehre der Welt den Rücken zu. Ich hatte mir schon vorgenommen, jawohl, nicht mehr zu denken, da man ja nicht denken kann. Merkwürdig, die andern meinen, daß die Welt, das Universum, die Schöpfung, daß all das ganz natürlich oder normal, etwas Gegebenes ist. Und sie, sie sind die Weisen, und ich bin der Unverbesserliche, der Nichtswisser. Wir sind im Gefängnis, gewiß, wir sind im Gefängnis. Gerade weil ich alles wissen will, weiß ich nichts. Mag sein, daß es ihnen gelingt, eine Antwort zu finden. In zehn, in Hunderten von Generationen werden sie das Unbegreifliche begreifen, werden sie sich das Unvorstellbare vorstellen können. Wenn sie nicht aufhören zu arbeiten, Autobus zu fahren, Bücher zu schreiben, zu rechnen, Sterne zu erobern, wenn ihre Mikroskope entdecken, daß es ein unendlich Kleines gibt, bedeutet es, daß sie auf unbewußte und natürliche Weise spüren, daß es ihnen gelingen wird. Ich aber habe den Eindruck, sie stützen sich auf das Nichts, und auch das ist nur ein Wort. Wir geben Dingen, von denen man nichts weiß, und Nichtigem, wovon man nichts weiß, Namen, die nichts besagen. Das unendlich Kleine ...

Das unendlich Große plagt mich schon genug, soll ich mich noch mit dem unendlich Kleinen abplagen?

Diese dummen Fragen haben mich nicht weiterkommen lassen, haben mich gehindert, an den Dingen des Lebens Geschmack zu finden. Halt, nein, das ist nicht wahr! Zumindest gibt es Dinge, die mir Vergnügen machen. Doch diese Angst konnte ich nicht mehr ertragen. Nicht mehr ertragen, was ich den Ekel vor der Endlichkeit und den Ekel vor der Unendlichkeit nenne. Jedem ist es so gegangen, mit dreizehn, fünfzehn, mit achtzehn Jahren. Und dann – nicht daß sie es überwunden hätten, denn es handelt sich gerade um das Unüberwindbare – dann haben sie es außer acht gelassen: entweder ist es ihnen egal oder aber sie haben es vergessen. Es gibt Menschen, die haben sich die Frage nie gestellt. Die Politiker zum Beispiel. Diese sind hier oder da überall zu Hause. Die Endlichkeit genügt ihnen vollauf. Ich will nicht sagen, ich sei besser als sie. Das will nicht sagen, sie seien besser als ich. Das will überhaupt nichts sagen. Ja, für mich besagt das gar nichts. Absolute Werte existieren nicht. In dieser Erdkugel, die eine Kugel in einer andern Kugel ist, die wieder in einer Kugel steckt. Wieder dieses scheußliche Schwindelgefühl. Ich ging ans Büfett. Öffnete die Tür, nahm die Cognacflasche. Ich trank fünf Glas hintereinander. Bei Gott, wie war das gut! Alle Fragen verlieren ihre Schärfe, mir wurde warm, ich war glücklich oder nicht gerade glücklich, aber von all diesen Fragen befreit. Nicht nur, daß ich nicht länger Gefangener des Erdballs war, ich war eingehüllt in die warme Decke des Alkohols. Der Ekel war fort. Ich dachte nicht mehr an das Undenkbare. Oder es entfernte sich von mir. Vielleicht ist es ein Fluch, nichts als die Mauer zu sehen. Für den Augenblick war der Fluch aufgehoben. Wie gern wäre ich auch so, so wie alle andern! Ich hatte große Lust, mich aufs Sofa zu legen, aber ich wußte, ich würde einschlafen und erst am andern Morgen aufwachen. Nein, ich mußte ausgehen. Ins Restaurant.

Ich ging hin, aber andersherum, wobei ich zwei andere Straßen kennenlernte. Da war also diese Provinzstraße mit ihren kleinen Häusern, von denen drei oder vier wie Schlößchen aussahen, dann bog ich rechts ab. Das war eine traurige Straße, in der schmutzige Häuser neben allzu sauberen, vierstöckigen mit Sozialwohnungen standen. Motorradfahrer mit Helmen bildeten Gruppen und machten sich zum Abfahren bereit, wahrscheinlich nach dem Modell eines amerikanischen Films, der hier lief und die jungen Leute zum Terrorisieren reizte. Fünf oder sechs standen da, eine Hand auf dem Lenkrad, alle um ein Motorrad herum, das technische Schwierigkeiten zu bereiten schien, und amüsierten sich sichtlich damit, möglichst viel Lärm zu machen. Noch zwei, drei andere Motorräder knatterten, und ich eilte fort von diesen furchtbaren Maschinen und dem schrecklichen Lärm, dessen Aggressivität mir schmerzlich zu Bewußtsein kam. Drei oder vier Arbeiter im Overall kehrten heim, nicht ohne zuvor ein bißchen in den Bistrots herumgestanden zu haben, nach ihrem Gang zu urteilen. Ich fühlte mich bürgerlich und unglücklich darüber, daß ich mich bürgerlich fühlte, als hätte ich ein Unrecht begangen. Was für ein Unrecht? Ich konnte mir noch so oft wiederholen, was ich wußte, nämlich, daß es kein Unrecht gäbe, meiner Vernunft gelang es nicht, gefühlsmäßig damit fertig zu werden. Die Leute und die Zeitungen der Opposition, was war das? Welche Macht haben die Klischees, die man ablehnt, die einen schließlich hinterlistig doch durchdringen und durchsetzen! Nichts ist unrecht. Niemand ist schuld an irgend etwas. Oder jeder ist schuld an allem: was auf dasselbe herauskommt. Aber wie schwach sind diejenigen, die sich schuldig fühlen, obwohl sie meinen, sie seien es nicht. Welch ein Bruch zwischen Vernunft und Unvernunft. Denjenigen, die ein dunkles Bewußtsein ihrer Schuld haben, bleibt nichts anderes übrig als sich abzufinden und abzudanken. Nichts hält sie mehr vom Selbstmord zurück. Ich aber, verwirrt wie ich bin . . .

Ich bog an der Straßenecke nach rechts ab und befand mich in einer breiteren Straße, fast so breit wie die Avenue. Sie lief parallel zur provinziellen Straße der Rentner. Diese Straße war auch nicht sehr lustig. Sehr wenige Wohnhäuser, sehr viele Werkstätten und Depots. Auf der linken Straßenseite die Hintergebäude der Fabriken. Arbeiter kamen heraus. Nicht einmal ein Bistrot. Das Depot der Autobusse, die durch die Hauptstraße fahren, und die Garage des Restaurants. Ein Mädchen im rosa Kleid kontrastierte mit dem Ganzen. Es gab wohl ein paar Laubbäume, aber sie waren staubig. Es war eine Verkehrsstraße, die während des Kommens und Gehens der Arbeiter ziemlich belebt war und durch die große Lastwagen fuhren und eine ganze Menge von Arbeitern radelten. Es wurde schon dunkler. Ich ging noch ein paar hundert Meter bis zur Ecke, dann bog ich rechts ab. Da war ich bei der Avenue angelangt, die ich von meinem Fenster aus sah, und die mir schon vertraut war. Ich hatte den Eindruck, ich sei schon Monate und Jahre hindurch hier vorbeigegangen. Gewiß war ich schon hiergewesen, als ich die Wohnung kaufte, aber erst seit ich sie heute morgen richtig betrachtet habe, kenne ich sie. Ich ging, zwischen vielen andern, auf das Restaurant zu. Gegenüber, auf der andern Straßenseite, immer dieselbe Art Leute an der Autobushaltestelle. Ich öffnete die Tür zum Restaurant und schaute unruhig nach, ob mein Tisch frei wäre. Er war frei, und ich war zufrieden. Das würde mein Tisch sein. Es waren schon Gäste im Restaurant, die Lampen brannten. Ich schlängelte mich zu meiner Ecke durch, hängte meinen Hut an den Haken und setzte mich. Draußen wurden die Straßenlaternen auch hell. Die Kellnerin kam zu mir und erkannte mich. »Sie waren doch mittags hier, nicht wahr?« »Ja, ich werde täglich kommen. Könnten Sie mir diesen Tisch reservieren?« Sie antwortete, das sei in so kleinen Restaurants nicht üblich. Nur in großen Restaurants würden Tische reserviert. Aber sie würde es versuchen, vorausgesetzt, daß ich ziemlich früh käme. Ich sagte ihr, daß ich regelmäßige Gewohnheiten hätte, und daß ich mittags zum Beispiel um zwölf Uhr dreißig und abends um sieben Uhr hier sein könnte.

»Man sieht, Sie hängen an Ihren Gewohnheiten«, antwortete sie. Aber ich schien ihr ziemlich merkwürdig vorzukommen. Sie gab mir die Speisekarte. Mittags hatte ich schon Hering mit Kartoffelsalat gegessen, zur Abwechslung bestellte ich eine Sardine, danach ein Steak mit Nudeln und als Dessert einen Rumkuchen. Und natürlich eine Flasche Beaujolais.

»Sie sind ein Feinschmecker, wie?«, sagte die Kellnerin. »Das stimmt, ich esse gern gut, und die Küche bei Ihnen ist schmackhaft. Auch Ihr Beaujolais schmeckt mir.«

»Der Chef kennt einen Produzenten, der schickt den Wein direkt aus seiner Kellerei, und dann ist bei uns alles frisch und sauber. Sie sehen ja die vielen Gäste. Sie sind zufrieden und essen mit Appetit. Es ist das beste Restaurant in unserer Gegend. Es gibt noch eine Brasserie, aber sie ist leer. Und dann gibt es noch ein Restaurant, das nennt sich Auberge, weil das schick klingt.«

Sie erzählte mir, sie sei die Schwägerin des Chefs, die Schwester seiner Frau. Ihr Vater arbeite auch hier, er stünde an der Theke. Der Chef mache die großen Einkäufe und ließe alles Nötige kommen.

»Ein Familienbetrieb ist immer besser. Wir verstehen uns gut. Aber ich muß gehen, ich habe zu arbeiten. Ich bringe Ihnen gleich, was Sie bestellt haben.«

Ich blickte aus dem Fenster. Es ist amüsant, die Leute vorübergehen zu sehen. Der Tag ist mir lieber. Die Dämmerung beängstigt mich. Aber viele Leute vorbeigehen zu sehen, Leute aller Art, das ist tröstlich, ermutigend. Als ich ganz klein war, hatte ich Angst vor der Nacht. Da nahm mich meine Mutter mit, wenn sie Besorgungen machte. Sie hielt mich bei der Hand. Es war eine bevölkerte Straße, so ähnlich wie diese hier, aber schmaler. Natürlich kannte sie viele Leute aus der Nachbarschaft. Sie blieb stehen, plauderte ein bißchen mit irgendeiner Dame oder einer Nachbarin. Sie wechselte ein paar Worte mit dem Kaufmann. Ich erinnere mich an das Gewühl, das mich trotz Halbdunkel und schlecht beleuchteter Straße beschwichtigte. Die meisten dieser Silhouetten, dieser Wesen existieren schon nicht mehr. Ich erinnere mich an diese Straße wie an eine Straße von Phantomen. Und plötzlich erschienen mir die Passanten von heute auch wie Phantome. Nichts als Phantome. Ich fühlte, wie mein Herz sich zusammenzog und wie die Angst wieder über mich kam. Ich fürchtete mich. Vor nichts. Vor allem. Zum Glück kamen die Sardinen und der Wein. »Bitte sehr«, sagte die Kellnerin. Sie goß mir selbst ein Glas Beaujolais ein. Sie ging. Ich trank das Glas aus und schenkte mir ein zweites ein. Nun war mir besser. Etwas wie Heiterkeit überkam mich. Ich habe öfters solche Momente der Freude, Aufwallungen des Glücks, nur sind sie nicht stark genug, um zu dauern. Ich hatte eine Methode, mich dieser Traurigkeit oder dieser Furcht zu entreißen, aber immer gelang das nicht. Die Methode bestand darin, die Dinge, die Personen um mich herum mit der größtmöglichen Aufmerksamkeit anzusehen. Zu fixieren. Sehr, sehr aufmerksam zu beobachten, und mit einem Male war es, als sähe ich alle und die ganze Welt zum ersten Male. Und dann wurde es unbegreiflich und fremdartig.

Ich versuchte mich zu konzentrieren, alle Wege, die ich gesehen hatte und alle Städte und alle Straßen und alle Leute und alle Dinge zu vergessen. Ich war in die Welt geworfen und nahm sie in mich auf, als wäre es das erste Mal. Ich wollte jene Seltsamkeit der Welt wiederfinden, die zu erlangen mir manchmal gelingt. Das ist so, als befände man sich vor einem Schauspiel, das heißt, als säße ich seitwärts, entfernt, als hätte ich nicht teil, als wäre ich nicht der Schauspieler oder der Statist, der ich bin, wie wir es gewöhnlich und gewohnheitsmäßig alle sind. Umgeben von der Welt, aber nicht in der Welt. Manchmal steigerte das meine Angst, meistens dagegen verjagte es sie. Kein bleibendes Urteil, vielmehr eine verworrene Empfindung, denn jedesmal scheint uns diese universelle Maschinerie, scheinen uns diese Leute, die Straßen, diese Bewegungen häßlich oder schön, gut oder böse, günstig oder ungünstig, gefährlich oder beruhigend zu sein. Es gelang mir, eine Art von moralischer Neutralität zu erlangen, oder eine ästhetische Neutralität. »Sie« waren nicht mehr meinesgleichen, ich bemühte mich, die Worte der Leute in den Restaurants nicht mehr zu verstehen. So wurde alles nur Geräusch oder Laute einer fremden Sprache. All das wurde, all das war nur flüchtige Erscheinung, etwas wie Illusion des Nichts. Die andern gingen durch die Straße, eine Art Straße, eine Art Raum, zum ersten und letzten Male. Nur ich existierte wirklich. Alles andere war undeutlich, war »all das«. Von neuem stand ich vor der Mauer des Un-Begreiflichen. Wo befand man sich? Wo befand ich mich? Ja, daß die Teller, Messer, Gabeln, daß die Autobusse und die Passanten etwas waren, mit dem man nichts anfangen, das man nicht mehr brauchen konnte! Nur ich *war*. In dem Maße, wie die andern vorübergingen und verschwanden, fühlte ich mich einzig in diesem Strudel, der nicht wahr sein konnte. Das Wirkliche wurde zu einem leeren Raum, den ich erfüllte. Eine euphorische Ausweitung meines Ichs, und je mehr mir schien, daß »all dies« kaum existierte, desto mehr wurde ich bestärkt in meiner Gewißheit zu sein. Doch ich mußte diese Euphorie bremsen, nicht zerstören, doch sie wirklich bremsen. Sonst würde ich solche Dimensionen annehmen, daß ich mich, indem ich den ganzen sogenannten existentiellen Raum einnehme, wiederum vor den unsichtbaren Mauern des Unbegreiflichen befände. Ich weiß nicht, ob es mir gelingt, genau das zu sagen, was ich sagen will. Es gibt keine Worte für diesen Zustand. Vielleicht will ich etwas anderes oder auch etwas anderes sagen. Eine Art Vernunft sagte mir, ich könne nicht der einzige sein. Die andern waren jeder ein ICH, genau wie ich, flüsterte die Vernunft, die ich zu erstikken versuchte, mir zu. Nur wenn ich mich allein fühlte, kosmisch allein, als wäre ich mein eigener Schöpfer, mein eigener Gott, der Herr der Erscheinungen, nur in solchem Augenblick fühlte ich mich außer Gefahr. Gewöhnlich ist man nicht allein in der Einsamkeit. Man trägt alles übrige mit sich. Man ist isoliert, aber Abgeschiedenheit ist nicht die absolute Einsamkeit, die kosmisch ist, die andere Einsamkeit, die kleine, ist nur sozial. In der absoluten Einsamkeit gibt es nichts anderes mehr. Die Erinnerungen, die Bilder, die Gegenwart der andern quälen einen. Belästigen einen. Es gibt eine lästige, unerträgliche Einsamkeit, wo man sich mit andern mißt, wo man sie herbeiruft, wo man sie benötigt, wo man sie flieht, weil man an ihre Existenz glaubt. Vor den andern hat man Angst, darum stürzt man sich auf sie, als wolle man sie entwaffnen. Doch ich war nicht Gott, und all die flüchtigen Erscheinungen und all dieser Schein war nicht meine Erfindung. »Man« bot sie mir, stellte sie vor mich hin. Dieses »man«. Das war der Erfinder. Ich erduldete, ich versuchte, nicht zu erdulden, ich versuchte, mich abseits zu halten und nur zuzusehen, das Spiel nicht mitzumachen, doch ich war genötigt, es in Betracht zu ziehen.

Nichtsdestoweniger war ich noch nicht wieder in die Existenz eingegliedert, noch genug von ihr eingefangen, von dieser Art Universum, ich war für ein paar Augenblicke noch außerhalb. Die Stimmen waren noch ein undeutliches Gemurmel, die Leute Phantome. Dann kam der Sturz. Mit einem Male wurde die Normalität wieder das Normale, und ich war darin. Die

Dinge gewannen ihre Identität wieder. Ich machte noch eine Anstrengung, um in das Anderswo zurückzukehren, für das es keinen Namen gibt. Ich starrte so unverwandt, so aufmerksam wie nur möglich einen Rotweinfleck auf der Tischdecke an. Ich hatte dieses Experiment schon mit Erfolg gemacht. Es handelte sich darum, irgendeinen Gegenstand so lange anzusehen, bis man nicht mehr wußte, was es war. Das mußte kein Weinfleck sein, das sollte ich weiß nicht was werden auf diesem andern Gegenstand, dem Tischtuch, das kein Tischtuch mehr war noch weiße Fläche noch die Stelle, wo ein Fleck gewesen war. So konnte ich nicht viel, aber immerhin etwas, ein paar Bilder, von der Realität hier mit hinüberziehen in jene andere Realität. Das versetzte mich selbst ins Anderswo. Ich konnte mich nicht konzentrieren. Vielleicht wegen der Kellnerin, die mir im Vorbeigehen zurief: »Sie essen Ihr Steak nicht mehr?« Und doch ziehe ich, wenn ich gut im Anderswo Fuß gefaßt habe, alles mit mir in jenes Anderswo, selbst harmlose oder nicht harmlose Sätze, die Gebärden der Leute werden etwas, was wie Gebärden aussah, aber nicht mehr Gebärde war. Oft genügte es, lange genug und schnell genug das Wort Pferd oder das Wort Tisch zu wiederholen, so lange, bis der Begriff sich seines Inhalts entleerte und jede Bedeutung verschwand. Doch nein, heute abend funktionierte es nicht.

»Doch, doch«, antwortete ich der Kellnerin, »Sie können mir sogar das Dessert bringen und nachher einen Kaffee, oder nein, beides zusammen.« Die Stimmen waren wieder hart und scharf geworden, nachdem sie vorher in einem undeutlichen Gemurmel aufgegangen waren.

Ja, ja, alles war an seiner Stelle, die Lampen an der Decke rührten sich nicht, nicht einmal ein Erdbeben hatte es gegeben. Ganz am Anfang dieser Art Experimente, als ich 15 oder 17 Jahre alt war, kam das Anderswo schneller. Am häufigsten erschien so etwas wie ein Lichtkreis, und wenn das Anderswo verschwand, behielt ich lange, tagelang, die Erinnerung an eine Welt des Lichtes. Ich hatte die Gewißheit, daß dies gewesen war, daß es war, und daß ich es wiederfinden könnte. Ich behielt die freudige Erinnerung daran tage-, manchmal wochenlang. Jetzt erreiche ich diesen Zustand viel schwerer und viel seltener, und sein Verschwinden hinterläßt mir Ungewißheit, Niedergeschlagenheit und Jammer. Ich bin nicht einmal mehr sicher, empfunden zu haben, was ich empfunden habe. Ich bin nicht mehr sicher, daß es wirklich war. Alles hatte seine Identität wiedergefunden, alle Dinge ließen sich beim Namen nennen. Ich war fertig mit essen, ich trank meinen Kaffee und was dann? Es gibt eine Weisheit, die uns lehrt, uns an den kleinen Dingen, die uns das Dasein beschert, zu freuen. Ich hatte lange nach diesem Prinzip gelebt. Dann hatte ich gelernt, mich weder von den kleinen, noch von den größeren Dingen, die uns das Leben bietet, allzusehr niederdrücken zu lassen. Die Alltäglichkeit ist nicht einfach zu ertragen, aber alles in allem dürfte Müßiggang der Arbeit vorzuziehen sein. Hatte ich die Wahl zwischen Anstrengung und Langeweile, war mir Langeweile immer noch lieber. Heute abend wieder fiel es mir schwer, das Restaurant zu verlassen. Ich bestellte einen Marc. Außer meinem Tisch war nur noch einer besetzt, zwei junge Leute saßen dort, ein Liebespaar wahrscheinlich wie Millionen andere.

Endlich mußte ich mich doch entschließen zu gehen. Die Rechnung hatte ich schon bezahlt. Ich nahm meinen Hut vom Garderobenständer. Ich sagte der Kellnerin auf Wiedersehen, die erleichtert war, daß ich ging, obwohl sie mir freundlich gesinnt schien. Vielleicht wollte sie ins Kino oder mit ihrem Freund vorm Fernsehen sitzen. Richtig, ich werde mir auch einen Fernsehapparat mieten, damit die Abende nicht so lang sind, und damit ich leichter einschlafe.

»Ach, Monsieur, ich bin so müde, ich gehe nur nach Hause, um zu schlafen . . .«, sagte die Kellnerin, die mir recht munter ausssah. Sie legte sich wohl nicht nur zu Bett, um zu schlafen. Sie sagte mir, sie heiße Yvonne. Aber sie hatte keine Zeit zu schwatzen, das macht nichts, morgen, übermorgen ist immer noch Zeit. Ich ging aus dem Restaurant und nach rechts; in der hell erleuchteten Avenue waren immer noch viele Leute. Doch nicht ganz so viele. Ich ging rechts um die Ecke und befand mich in der kleinen Straße, wo es nur noch einzelne Passanten gab. Alle Leute waren noch nicht zu Bett gegangen, viele Fenster waren noch erleuchtet. Ich kam an die Tür meines Hauses. Ich betrat den Treppenflur. Ich ging an der Tür der Concierge vorüber. Kaum stieg ich die ersten Stufen zum ersten Stock hinauf, da öffnete sich die Tür der Concierge, und sie erschien einen Augenblick. Ich sagte ihr Guten Abend. Sie verschwand rasch in ihrer Loge, ohne mir zu antworten.

Ich werde ihr Trinkgeld geben, ich werde ihr Geschenke machen, damit sie ein bißchen lächelt, sagte ich mir und setzte den Hut wieder auf. Wenn Leute mich mißtrauisch ansehen, noch dazu mißtrauisch und wortlos, das kann ich nicht leiden. Im Bureau liebte man einander nicht gerade, sei es wegen des Chefs, der nicht besonders zufrieden war und den einen oder andern bevorzugte, sei es wegen der Frauen, die den einen um des andern willen verließen, kurz und gut, man lebte in einer Atmosphäre der Gereiztheit und der Eifersüchteleien, aber es war immerhin ein Leben. Was für ein Leben? Mit kleinen Überraschungen, kleinen Zwischenfällen, Versöhnungen. Ich stieg zum zweiten Stock hinauf, ein Hund bellte hinter der Wohnungstür rechts. Ich stieg die dritte Treppe hoch, gelangte zu meiner Wohnung, öffnete die Tür und schloß sie wieder. Ich schaltete Licht ein, hing meinen Hut an den Garderobenhalter, machte auch im Wohnzimmer Licht. Ich zog die Vorhänge zu. Ich legte mich auf das Sofa. Dann stand ich auf. Ich sank in meinen Sessel. »Ich bin zu Hause, ich fühle mich wohl.« Wirklich ganz wohl? Doch, immerhin. Es gibt Länder, da kann man auf alles gefaßt sein, zum Beispiel kann die Polizei jederzeit bei einem erscheinen. Diebe hatte ich auch nicht zu fürchten. Ich wohnte in keinem Stadtviertel, wo Reichtum zu vermuten war, auch nicht in der Wohnung. Aber ich mußte mir irgendeine Beschäftigung ausdenken. Versuchen, die Umgebung kennenzulernen. Und das Haus. Sollte ich Beziehungen anknüpfen? Ich wußte nicht recht. Die Leute können die Gewohnheiten stören. Und was sollte ich ihnen erzählen? Ich wüßte nicht, was ich andern zu sagen hätte. Und was andere sagen, interessiert mich auch nicht. Die Gegenwart anderer hat mich immer gestört. Zwischen ihnen und mir war etwas wie eine unsichtbare Wand. Nicht immer. Nun, fünf, sechs Gesichter sind genug. Mein neues Leben wird sich in den kommenden Tagen regeln. Mir kam der Gedanke, einen Schluck Cognac zu trinken. Aber dann dachte ich an den nächsten Morgen, an die Übelkeit, die vielleicht kam, an den Katzenjammer ... Wir werden ja sehen, sagte ich mir, wie es weiter wird. Es ist wenig, aber immerhin interessant. Das Leben ist voller Überraschungen, Unerwartetes kann passieren. Kleine Dinge, keine großen. Ich hatte für große Abenteuer nichts übrig, die sind unerfreulich, anstrengend, und bringen letzten Endes nur Ärger.

Erst wenn ich mein Viertel und alle Ecken meiner Wohnung besser kenne, werde ich kleine Veränderungen, geringe Wandlungen des Lichtes bemerken. Noch kenne ich meine Möbel nicht genau genug, nicht die Anzahl der Blumen, nicht die Wirkung der Farben. Ich stand auf, ging auf die Stelle zu, wo etwa zwanzig Bücher standen. Ich hatte sie alle gelesen. Freilich gab es ein paar, die ich lange nicht gelesen hatte. Doch nach der ersten Seite erinnert man sich wieder an das übrige. Und doch las ich zuweilen ganz gern dieselben Bücher wieder. Man bemerkt eine Menge Dinge, die nicht im Gedächtnis geblieben waren. Dies oder jenes Ereignis, diese oder jene Szene. Schließlich entschied ich mich für keins. Ich löschte das Licht im Wohnzimmer und befand mich im Korridor, wo ich schon hell gemacht hatte, ich ging auf mein Schlafzimmer zu, machte die Tür auf, schaltete die Lampe ein und die im Korridor aus und begann mich auszuziehen.

»Heute schlafe ich zum ersten Mal in meinem Leben in diesem Schlafzimmer und in diesem großen Bett.« Ich nahm mir vor, diesen ersten Kontakt nicht zu vergessen. War dies nicht der Beginn einer neuen Ära? Ich brauche keinen Wecker mehr, sagte ich mir. Sie werden mich im Bureau ganz schön beneiden. Ich löschte das Licht aus. Ich flüchte mich gern in den Schlaf. Diesen Satz hatte ich oft gedacht, jetzt verstand ich ihn nicht mehr so gut. Flüchten wovor? Der Träumer bin immer ich. Ich träume nur von dem, was täglich in meinem Leben passiert.Neutrale Träume, grau in grau, die weder Wünsche noch Schrecken ausdrükken, scheint mir. Es heißt, man habe tief verborgene Wünsche. Man will den Menschen helfen, sie ans Licht zu ziehen. Ich wüßte gern was für welche. Ich hatte nur zwei oder drei Mal schöne Träume. Träume, an die man sich morgens mit Bedauern nicht erinnern, die man nicht festhalten kann, morgens, wenn fliehende Schatten in der Helle des Tages verlöschen. Und unser ganzes Leben geht in Fetzen dahin. Man muß sich abfinden, wenn man nicht leiden will. Man muß sich abfinden. Ich sage mir die ganze Zeit, man müsse sich abfinden. Sehr oft gelingt es mir einigermaßen. Es ist kein wirkliches, tiefes Sichabfinden. Von Zeit zu Zeit steigt Wut auf. Erst ist es eine gewisse Unzufriedenheit, die in mir wächst, die mich überwältigt, die mich umklammert. Nein, niemals werde ich mich trösten, nie werde ich vergessen können, daß ich nicht hinter diese Mauer sehen kann, die bis zum Himmel reicht. Wie sollte man sich mit der Unwissenheit abfinden, in der wir tappen trotz der Wissenschaften, der Theologien, der Weisheiten? Seit meiner Geburt habe ich nichts gelernt, und ich weiß, daß ich nichts lernen werde. Die Marksteine der Fantasie möchte ich forträumen, die Mauern der Fantasie möchte ich sprengen. Nie werden sie zusammenstürzen, und ich werde ebenso unwissend sterben, wie ich bei meiner Geburt war. Es ist unbegreiflich, daß man das Unbegreifliche nicht begreifen kann. Alle können so einfach innerhalb dieser Mauern leben, all diese Techniker, all diese Politiker, all diese Gelehrten, all diese Bauern, all diese Handwerker, all diese Armen und all diese Reichen. Es handelt sich nicht um Hochmut. Ich will nicht mehr wissen als die andern, ich will, daß wir alle wissen. »Es ist unvorstellbar, also versuchen wir nicht, uns das Unvorstellbare vorzustellen«, schreibt ein Philosoph, von dem ich neulich, in einer Buchhandlung stehend, ein paar unaufgeschnittene Seiten seines Buches las. Ich bin nie mit meinem ursprünglichen Staunen der Welt gegenüber fertig geworden, einem Staunen und einer Frage, für die es keine Antwort gibt. Man sagt, man solle sich von diesem Staunen freimachen und darüber hinweggehen. Aber dann: worauf sollen wir ein Wissen oder eine Moral gründen? Keinesfalls auf Unwissenheit, und wir stecken ganz und gar in Unwissenheit, wir haben als Ausgangspunkt, als Fundament nur das Nichts. Wie auf nichts etwas aufbauen? Uns stehen einige praktische Erfahrungen zur Verfügung. Ich weiß, ich kann mich fortbewegen. Ich weiß, ich kann ins Restaurant gehen. Ich weiß, man hat Restaurants eingerichtet. Ich weiß, es gibt Maschinen. Ich weiß, es gibt eine Technik. Es scheint mir sehr merkwürdig zu sehen, daß es trotz alledem unbestreitbar eine Technik gibt, die Stich hält, ganz einfach so, auf nichts beruhend. Das ist wiederum eine andere Ebene meines Staunens. Wer erlaubt uns dies, oder warum ist dies erlaubt, wie kann dies vor sich gehen? Aber nochmals und nochmals und immer wieder: ein begrenztes Wissen ist kein Wissen. Das ganze Weltall und alle Wesen, wir alle werden von Instinkten, von möglichen kurzfristigen Überlegungen getrieben, die man uns eingepflanzt hat. Wir tun nicht, es wird mit uns getan.

Ich glaube zu essen, weil ich Lust habe. Nein, ich esse aus Selbsterhaltungstrieb. Ich glaube zu lieben und mit einer Frau zu schlafen, weil ich Lust habe, nein, ich tue es, um die Art zu erhalten, indem ich Gesetzen gehorche, die es mir befehlen. »Gesetze«, sage ich, weil mir keine anderen Worte einfallen für diese Dinge, diese Prinzipien, die mich treiben. Wir sind soziologisch bedingt, aber das ist nichts, wir sind biologisch und mehr als das, kosmisch konditioniert. Und all diese Worte, die ich soeben gesagt habe, auch diese sind gesagt, bevor ich sie gesagt habe, sind in mich hineingepflanzt. Doch diese Art zu sprechen und zu denken – ich nenne das so – entspricht nicht der Wirklichkeit, da ich nicht genau weiß, was diese Worte sind, und da ich nicht genau weiß, was Wirklichkeit ist, ich weiß gar nichts, nicht einmal, ob die Wirklichkeit Ausdruck von irgend etwas ist noch was das besagt.

Ich versuche dieselbe Lösung: aufhören zu denken, falls man das denken nennen kann, und falls das Denken wirklich Denken ist.

Wir erleiden. Ich erleide. Ich muß mich damit begnügen zu erleiden. Das ist schon Verzicht. Und jedesmal, wenn ein wenig Verzicht in mir ist, fühle ich mich erleichtert. Etwas wie Gelassenheit, wie Ausruhen. Ich werde einschlafen. Bleibe gelassen.

Und dann plötzlich, unerwartet wie jedesmal, wenn es mich überkommt, ganz plötzlich der Gedanke, daß ich sterben werde. Ich dürfte keine Angst vor dem Tode haben, da ich ja nicht weiß, was das ist, und dann, habe ich nicht gesagt, ich müsse mit mir geschehen lassen? Umsonst. Ich springe aus dem Bett, ich habe eine Höllenangst, ich mache Licht, ich laufe von einem Ende des Schlafzimmers zum andern, ich gehe ins Wohnzimmer, ich mache Licht. Ich kann weder liegen bleiben noch sitzen noch stehen, ohne mich zu rühren. Also rühre ich mich, ich rühre mich, laufe im ganzen Haus herum, mache überall hell und renne und renne. Milliarden Geschöpfe haben diese selbe Angst. Warum wird mit uns so umgesprungen? Keine Überlegung, kein Wort gibt Auskunft. Ich schwitze vor Angst. Wie so viele andere, wie so viele andere. In jedem dieser Milliarden von Geschöpfen wohnt eine solche Todesangst, daß man meinen sollte, in jedem einzigen Wesen stürbe es selbst und mit ihm alle diese Milliarden. Warum das? Wie das? Wahrscheinlich ist der Wohnungswechsel und die fehlende Ablenkung durch die Sorgen im Bureau daran schuld, daß diese Todesangst mich plötzlich überkommt, nachdem sie mich eine ganze Weile nicht mehr heimgesucht hatte. Mein Leben ändert sich, und es ist ein neues Leben, und die Todesängste und Schrecken, die in einem stumpfsinnigen Alltagsleben verblaßten, sind wieder da. Die Todesangst kam wieder, so frisch wie am ersten Tag des ersten Staunens und der ersten Todesangst. Niemand ist etwas. Und zugleich ist jeder das ganze Universum. »Schlafen und aufhören und nicht mehr denken und nicht mehr denken.« Dann schließlich überkommt mich Müdigkeit. Wie ein Entsagen; eine gute Müdigkeit, eine sanfte, überkommt mich beim ersten Tagesschimmer, endlich kann ich zu Bett gehen, mich zudecken, schläfrig werden, einschlummern.

Jede Morgendämmerung ist ein Beginn oder ein Neubeginn. Es ist eine Auferstehung. Der Tod entfernt sich, er verbirgt sich vor dem Tag. Daß der Morgen eine Wiedergeburt sei, ist nicht nur ein Symbol.

Man fühlt es psychisch und physisch. Es ist zu sehen und zu hören. Als ich klein und bereits damals von Ängsten gequält war, ließ meine Mutter meine Schlafzimmertür offen, wenn sie abends nach der Arbeit zwei oder drei Flurnachbarinnen bei sich hatte und sich mit ihnen im Nebenzimmer unterhielt. Ich muß wohl schon damals vor der Dunkelheit und der Stille Angst gehabt haben, denn ich war richtig glücklich, neben mir das Gemurmel der Erwachsenen, das beruhigende Gemurmel zu hören. Ich zog den Zustand des Halbschlafs möglichst in die Länge, bevor ich sanft einschlummerte, und das Konzert der Stimmen begleitete mich in meine Nacht. Jetzt bleibe ich gern ein Weilchen im Halbschlaf, bevor ich hell wach werde, und horche auf die Geräusche des Morgens, die Schritte über mir, auf ein Fenster oder eine Tür, die sich öffnet, das Radio, ich rieche den Kaffee. Aber was ich noch lieber habe, das ist die erste Untergrundbahn zu hören oder wie heute den ersten Autobus. Doch das Rollen der Untergrundbahn, das werde ich in diesem Vorort nicht mehr hören, dies unterirdische Grollen, das die Wände vibrieren läßt, dies dumpfe Grollen, das mich erleichterte und mich einschläferte. Dann kam leider plötzlich und schrill der Wecker. Aber hier werde ich ihn nicht mehr hören. Vom Wecker abgesehen stören mich im allgemeinen Geräusche nicht. Das Gehämmer, die Ramme, die Wagen, die Sägen, die Maschinen, die zähme ich, das heißt, ich versuche nicht, sie nicht zu hören, mich zu ärgern, mich zu wehren. Ich höre aufmerksam hin. So entsteht etwas wie eine Klanglandschaft, für das Ohr, so interessant wie eine konkrete Musik.

Das Läuten an der Wohnungstür weckte mich auf. Es war elf Uhr. Jeanne, die Putzfrau, war da. Sie entschuldigte sich wegen der Verspätung, denn sie hätte um zehn Uhr kommen sollen, aber sie hatte viel zu tun, und ihr Mann war krank. Sie machte sich nicht allzuviel daraus, denn sie sah, daß ich eben erst aufgewacht war, und daß ich wegen ihrer Verspätung eine Stunde länger hatte schlafen können. Ich bat sie, im Wohnzimmer anzufangen und ging ins Bad. Nicht sehr hell dieses Badezimmer, es ging auf den Innenhof hinaus, sehr dunkel war es auch nicht. Aber Licht mußte man schon machen. Schwerarbeit dieses tägliche Waschen und Rasieren. Ich versuche immer, es so lange wie möglich hinauszuschieben. Sonntags, wenn ich nicht ins Bureau mußte, kam es vor, daß ich erst um zwei Uhr mittags fertig war, um ins Restaurant zu gehen und noch dazu unrasiert. Aber wochentags war ich genötigt, mich zu beeilen. Jetzt wird alle Tage Sonntag sein. Ich fürchtete, ich könnte mich gehen lassen. Das war eine Gefahr. Diese Trägheit, diese Willenlosigkeit machten mich elend. Das könnte mir meine Tage verderben. Ich sagte mir, ich müßte Jeanne bitten, früher zu kommen: um acht, oder nein, das doch nicht, aber um neun, damit ich gezwungen sei, mich nicht allzu spät zu waschen und anzuziehen. Ich machte mich ziemlich schnell fertig. Mit einer Art Freude. Ich sagte mir, ich werde ausgehen, ich werde die Straße sehen, die Leute, meine neue Stadt. Ich stellte mir schon die Belebtheit der Straßen bei Tageslicht vor. Ich müßte auch eines Tages durch die kleine Straße der Rentner spazieren. Ausgehen. Die Leute mit einem Gemisch von Interesse und Gleichgültigkeit betrachten. Schön ist das. Ich hatte Ursache genug, glücklich zu sein.

Weshalb nicht alles ausnützen, was die Augen sehen, die Ohren hören können? Von allem umgeben und zugleich außerhalb zu stehen. Zuschauer auf der Bühne mitten unter den Schauspielern. Alles, ganz egal was, ist aufregend, amüsant, sonderbar, dramatisch, ungewöhnlich, mysteriös: mit den Blicken einen Hund zu verfolgen, der eiligst einem Ziel zuläuft, man weiß nicht, welchem Ziel. Personen, die ebenfalls einem, man weiß nicht welchem Ziel zueilen. Leute zu beobachten, die beobachten. Alles ist Schauspiel, erdacht ... von wem? Von Gott, gestehen wir es. Gestehen wir, daß ich daran glaube. Die Schöpfung ist in der Tat ein Schauspiel, wenn auch ein Schauspiel, dessen Wege und Stege mir unverständlich sind. Berauschend jedenfalls. Das kann niemand leugnen. Vielleicht hat ER die Welt sich von ganz allein machen lassen. Vielleicht irre ich mich manchmal. Vielleicht ist es nicht wahr, daß ER was wir tun vorausbestimmt. Ach ja, man braucht nur den dünnen Vorhang zu lüften, der die Welt mit Alltäglichkeit und Banalität bedeckt, die in uns und nicht außerhalb sind, und aufmerksam zu schauen, dann ist nichts banal, alles ist zugleich Drama und Komödie. Ich rede Dummheiten, etwas anderes, ganz etwas anderes. Das Schauspiel, das die Menschen aufführen, ihr Theater ist nur ein ärmlicher Ersatz für das große Theater.

Es war schon zu spät für das erste Frühstück. Das macht nichts. Ich werde ins Café gehen und einen Apéritif trinken. Es war schon fast zwölf Uhr mittags, ich konnte im Café bleiben, entweder draußen, falls es nicht zu kalt war, oder innen und die Zeitung lesen. Ich ließ Jeanne den Schlüssel da und bat sie, ihn unter den Fußabtreter zu legen. Anscheinend war sie ein bißchen enttäuscht, daß ich so bald ging. Sie hatte Lust zu reden. Schon am Tag vorher hatte ich bemerkt, daß sie die Neigung hat, mir ihr Herz auszuschütten. Meins werde ich ihr nicht ausschütten. Sie hätte gern gehabt, daß ich es täte. Das war ein Geheimnis zwischen ihr und mir. Warum ein Geheimnis? fragte ich mich. Das ist weder ein Geheimnis noch ein Nicht-Geheimnis. Jedenfalls langweilte es mich zu schwatzen. Ich ging aus. Ich stieg fröhlich pfeifend zwei und eine halbe Treppe hinab. Dann hielt ich an. Achtung, die Concierge! Würdig und respektabel aussehen! Ich stieg die letzten Stufen ruhig, nahezu feierlich hinab. Die Concierge versäumte es nicht, die Gardine zurückzuschieben, die Tür einen Spalt breit zu öffnen und mir einen strengen Blick zuzuwerfen. Ich sagte mir, von nun an würde ich versuchen, auf Zehenspitzen zu gehen. Ich grüßte zaghaft, was mich erboste, denn schließlich und endlich war sie meine Angstellte, und ich tat nichts böses. Sieh mal an! Diesmal ging sie so weit, ein leichtes Lächeln anzudeuten. Vielleicht auch nicht. Immerhin hatte sie die Stirn nicht gerunzelt. Es ärgerte mich zu denken, ich müßte täglich an ihrer Tür vorbeigehen, ihre stumme Kritik, ja sogar die Geringschätzung, die sie für mich empfand, ertragen. Unsinn, das bildete ich mir ein. Ich ging aus dem Haus nach links, traf in der kleinen Straße einen alten Mann, bog wieder links ab und machte ein paar Schritte auf dem Gehsteig der Avenue. Ich ging über den Fahrdamm, kam an die Autobus-Haltestelle, hinter der sich der Haupteingang zum Rathaus befand, ging noch ein paar Meter weiter, dann rechts ab seitlich am Rathaus entlang bis zu dem Nebeineingang für die Beamten, ich wandte dieser Tür den Rücken und überquerte die Straße, dort war ein kleines Café. Dort war auch ein Zeitungshändler. Ich kaufte mir eine Zeitung und setzte mich auf die gedeckte Terrasse, an ein rundes Tischchen neben der Glaswand. Ich bestellte und trank einen Campari, dann zwei, dann einen dritten, dann einen siebenten. Ich mußte mich bezwingen, nicht noch einen zu trinken. Vielleicht des Kellners wegen, den ich zu oft bemühte, und der ein bißchen spöttisch und vor allem ärgerlich aussah. Vielleicht war das ein Irrtum. Aber schließlich waren sieben Glas Campari genug. Das leichte Glücksgefühl von heute morgen, das nur ausgesetzt hatte, weil Jeanne mich mit ihrem Geschwätz gelangweilt hatte, und dann während der paar Sekunden Beklemmung, als ich mich im Vorbeigehen den Blicken der Concierge nicht entziehen konnte, dieses leichte Glücksgefühl verstärkte sich, schläferte jede Angst ein und erzeugte Seelenruhe. Ich hatte eine vielleicht ein bißchen törichte Lust zu lachen. Ein bißchen töricht? Was machte das aus? Ich warf einen raschen Blick auf die Artikel über Innen- und Außenpolitik, erfuhr wieder einmal, daß im Innern die Leute sich nicht vertrügen, daß die Unzufriedenheit der Bauern wachse, die der Arbeiter auch, die der leitenden Angestellten, der Handwerker und der Kaufleute ebenfalls. Man fühlte, daß die Polizei auch genug hatte und daß die Polizisten die Ministerien zu besetzen drohten. Die Intellektuellen waren zornig, die Studenten auch, weil sie nicht arbeiten wollten oder weil es keine Arbeit für sie gab und weil es fast keine Arbeitsplätze für sie geben würde, wenn sie ihre schwierigen, langweiligen, unnützen Studien beendet haben würden, oder aber Studien, dermaßen interessant und für den menschlichen Fortschritt unerläßlich, daß sie besser bezahlt werden müßten. Sie hätten also nicht den ihnen gebührenden Rang in einer Gesellschaft, die sowieso nichts wert war. Darüber dachte ich ebenso, doch meine Gründe waren nicht dieselben: Die Gesellschaft kann auf keiner Moral, auf keiner Religion beruhen, da die existentielle Kondition des Menschen an sich sozial und extrasozial unzumutbar ist. Die philosophischen Artikel lese ich nie zu Ende. Ich legte einen Moment die Zeitung weg und sah den Vorübergehenden zu, ohne sie wirklich zu sehen, denn ich dachte plötzlich, es sei nicht wahr, daß wir bedingt und gelenkt seien. Wer ist derjenige, wer sind diejenigen, die gelenkt werden? Was ist dieses Ich? Existiert es? Ja, es existiert. Aber *ist* es? Nur dann, wenn wir an eine Seele glauben, die in die Welt geworfen wurde und mit sich geschehen läßt. Vielleicht sind wir nur Knoten, kurzdauernde Kreuzungen von Energien, von Kräften verschiedener und gegensätzlicher Tendenzen, die der Tod löst. Doch diese Kräfte, diese energetischen Geschehnisse sind wiederum wir selbst, wir sind gemacht, wir sind hervorgebracht, wir werden in Bewegung gesetzt, aber auch wir machen uns selbst, wir setzen in Bewegung und setzen uns in Bewegung. Ach, hätte ich Talent zum Philosophen! Dinge wüßte ich! Das heißt, ich wüßte dieselben Dinge, aber ich wüßte sie mir besser zu erklären, ich wüßte sie auch andern zu erklären und Gedanken mit ihnen auszutauschen. Ich hätte auch Mathematiker werden können, ein Student, ein Cousin von Lucienne hatte mir gesagt, die Mathematik könne die Existenz Gottes beweisen. Ein anderer hatte mir gesagt, Mathematik und Physik seien auf Postulaten oder Axiomen gegründet, die ihrerseits auf dem Nichts beruhten. Und doch hat sich dies, dies alles aufgebaut. Man kann von irgendwelchen Postulaten, von irgendwelchen Axiomen ausgehen und darauf aufbauen. Es gibt nichts Wirkliches, es gibt nichts Falsches, es gibt nichts Wahres, alles läuft trotzdem, alles läßt sich überprüfen. Gott läßt uns die Freiheit, Wünsche zu haben, Begierden, Interpretationen, Hypothesen aufzustellen, die einander widersprechen oder auch nicht und die gültig sind, die einen und die andern, um etwas daraus zu machen. Ein anderer Student unterhielt sich mit einem zweiten, der nicht seiner Meinung war, als ich vor ein paar Jahren im Restaurant neben dem Bureau meine Mahlzeiten einnahm und beim Essen zuhörte, und behauptete, wenn die Nazis gesiegt hätten, dann hätten sich ihre Rassentheorien, ihre Biologie, ihre ökonomischen Theorien bestätigt, und sie hätten eine genauso solide Kultur begründen können wie sie eine marxistische biologische und ökonomische Vision vorsieht. Die verschiedensten und widersprüchlichsten Theorien, alle Arten von Geometrie, alle Geometrien hindern nicht sondern helfen der Architektur. Als Ausgangspunkt und als Basis dient nur unsere Absicht, unsere Hypothese, und diese Hypothese ist nur unser guter Wille und der Ausdruck der verschiedenen Gruppen von Persönlichkeit und Rasse. Alles bewahrheitet sich, man macht, was man will. »Sie«, nicht ich. Mich betrifft es nicht.

Nach meinem siebenten Apéritif dachte ich, es gäbe weder Wirkliches noch Unwirkliches, weder Wahrheit noch Lüge. Alle Philosophien, alle Theologien sind gut oder schlecht, je nachdem, ob man will oder nicht. Das brachte mich zum Lachen. Ich schaute wieder den Passanten zu. Alle unterscheiden sich voneinander, und alle sind gleich. Nur die Praxis zählt. Nur die Praxis, nichts sonst. Was bedeutet das? Lächerlich zu philosophieren ohne gelernt zu haben, wie man philosophiert, noch dazu nach sieben Glas Apéritif. Ich griff wieder nach meiner Zeitung, die Sportseite lese ich nie. Diese Mannschaften, die sich aufeinander stürzen, illustrieren sehr wohl die Tatsache, daß es nicht um den Ball geht, und wenn die stärkeren Gruppen, das heißt die Nationen, sich aufeinander stürzen, oder wenn die sozialen Klassen sich bekriegen, dann geht es nicht um patriotische Ziele, nicht um solche der Gerechtigkeit, des Patriotismus oder der Freiheit, sondern es geht ganz einfach um den Konflikt als solchen, aus dem Bedürfnis heraus, Krieg zu machen. Aber ich bin kein Polemiker. Ob sie sich bekriegen oder nicht interessiert mich nicht. In mir ist keine Aggressivität oder nur wenig. Darin unterscheide ich mich von den andern, aber ich lese gern Reportagen über Verbrechen ... Ich habe für Verbrechen nichts übrig. Ich habe auch nicht allzuviel Mitleid mit den Opfern oder nur selten ... Weshalb lese ich das also? Weil es die tägliche Monotonie unterbricht. Es ist aufregend. Ich habe nie einen Artikel über nationale oder internationale Politik zu Ende gelesen. Ich meine damit, daß die Kommentare mich nicht interessieren. Ich selbst kommentiere die Ereignisse. Ich weiß, man will sich bekriegen und will es auch wieder nicht. Ich weiß, die Leute sind die Werkzeuge anderer Leute, ich glaube, daß sie einander zuweilen lieben möchten und daß sie sich die meiste Zeit wie gegen ihren Willen verabscheuen. Sie langweilen sich, ohne es zu wissen. Vielleicht langweilen sie sich auch nicht. Ich, ich langweile mich oft. Mir schwindelt und ich fürchte die Langeweile; vor kurzem hatte ich eine Depression, vielleicht unbewußt um à la mode zu sein, nur aus Langeweile oder war es die Langeweile selbst? Die Langeweile lähmt und verleitet zu zerstörerischen Handlungen, oder sie schafft einen Zustand, der dem Tode nahe ist. Es war unerträglich. Niemand konnte mir helfen. Es gab nichts, an das ich mich klammern konnte. Und wenn ich »unerträglich« sage, so ist das Wort weit entfernt von der Wahrheit, finde ich. Tödlich war es, ja. Es war, als ertränke ich in der Luft. Ich konnte kein Fenster öffnen, nicht zur Straße, nicht zur Welt, nicht zu irgendjemandem. Ich erstickte. Was soll ich noch sagen ... Wochen und Monate hindurch bedurfte es einer bedeutenden Anstrengung, mich zu bewegen, und wenn ich mich nicht bewegte, litt ich genauso. Es war unerträglich, jawohl. Absolut unerträglich. Die Speisen waren ohne Geschmack. Ich war wie ein Toter, der nicht tot ist, wie ein Lebender, der nicht mehr lebt. Allein in einer grenzenlosen Wüste. Oder im Gegenteil in einer von sehr hohen Mauern umgebenen Zelle, wo von ganz oben graues Licht kam, bei dem man nicht lesen konnte. Was machte es mir schon aus, was die Leute sagten? Ihre gleichgültigen oder freundschaftlichen oder unangenehmen Worte drangen nicht zu mir, oder ich stieß sie von mir, floh vor ihnen. So einen nach dem andern auf der Straße vorübergehen zu sehen, verursachte mir Übelkeit. Wenn ich sie zu zweit oder zu dritt diskutieren sah, bekam ich Angst, und wenn ich Leute, in Uniform oder nicht, in Reih und Glied marschieren sah und die Menge, ruhig oder wild oder die Armee, dann fiel ich in Ohnmacht. Gott bewahre mich vor dem Schulter-an-Schulter.

Doch die Einsamkeit konnte ich ebensowenig ertragen. Tage und Tage und Tage lang wanderte ich von der Tür zum Fenster, vom Fenster zur Tür, ohne anzuhalten. Das war nicht Todesangst, das war Langeweile, materielle Langeweile, physische Langeweile, ich konnte mich nicht rühren, nicht sitzen nicht stehen bleiben. Alles war Leiden, Fäulnis der Seele. O möge das nicht wiederkommen! Die Sekunden waren unendlich lang. Zuflucht war der Schlaf. Nur konnte ich nicht den ganzen Tag schlafen, leider! Und schlafend träumte ich, daß ich mich langweile. Früher ärgerte das den Chef, denn ich wurde krank geschrieben. Der Arzt konnte mir nicht helfen, ich mußte in eine Klinik, bekam starke Medikamente, und dann nahm ich meine Arbeit wieder auf und ging nicht wieder ins Krankenhaus. Langeweile ist schlimmer als Todesangst, ja im Gegenteil, wenn man Angst hat, langweilt man sich nicht mehr; so wechselte ich von der Langeweile zur Angst, von der Angst zur Langeweile. Nein, ich langweile mich nicht mehr, nein, ich darf nicht, aber ich fühle, daß ganz hinten die Langeweile da ist, daß sie mir auflauert, mich bedroht, daß sie wachsen, mich einwickeln, mich ersticken kann. Ah, nicht doch, die Welt ist so interessant, so interessant. Man muß nur richtig hinschauen. Es gibt Menschen, denen genügt es, die Bäume anzuschauen, spazieren zu gehen. Man hat mir geraten spazierenzugehen. Die Spaziergänge waren langweiliger als die Langeweile, trauriger als die Traurigkeit. Möge ich doch bloß nicht wieder in den Abgrund der Langeweile stürzen. Aufmerksam die Welt ringsherum betrachten, sehr aufmerksam. Sie ihrer Realität entkleiden, kämpfen, um jeden Augenblick das ursprüngliche Staunen wiederzufinden. Das Gefühl des Seltsamen. Aufwachen und sehen und fühlen, was all das in Wirklichkeit ist. Ja, die Existenz, die

Welt, die Menschen, all das ist gespenstisch. Wesentlich ist nur, was außerhalb von alledem ist, jenseits der Mauer. In die Welt geworfen zu sein, das ist das Elend. Unaufhörlich zum Anfang zurückkehren, sich nicht gehen lassen, sich nicht mitreißen lassen. Mit dem Rücken an die Mauer gelehnt, die Welt betrachten oder sich zur Mauer umwenden, sich an die Mauer pressen. Vielleicht wird sie nachgeben? Wie soll ich das mir selber erklären, an die Mauer gelehnt die Dinge laufen zu lassen? Man kann nicht immer. Aber das ist die einzige Möglichkeit, der Langeweile, der schwarzen Langeweile zu entrinnen. Denken wir nicht mehr daran. Jetzt fühle ich mich wohl. Wie gut der Alkohol tut! Ich bezahlte, stand auf um zu gehen, stolperte ein klein wenig, es war halb ein Uhr, nur nicht zu spät ins Restaurant kommen, und hoffentlich hat man mir ein Tischchen reserviert, ich will kein anderes, ich bin es schon gewohnt. Ich ging aus dem Café, über die Straße, ein Autofahrer beschimpfte mich, ich ging den Gehsteig entlang bis zur Autobushaltestelle, dem Haupteingang zum Rathaus gegenüber. Ich überquerte die Avenue beim Fußgängerübergang, ein Mädchen stieß mich mit dem Ellenbogen und entschuldigte sich, dann stieß ich einen Mann am Ellenbogen und entschuldigte mich. Ich sah mich einem andern gegenüber, Stirn an Stirn und Nase an Nase, ich ging um ihn herum, landete auf dem Gehsteig gegenüber genau vor dem Restaurant, immer mit der Zeitung in der Hand, ich öffnete die Tür zum Restaurant, mein erster Blick galt meinem Tisch, er war leer und es lag sogar ein Kärtchen »reserviert« auf dem Tischtuch. Ich hatte schon zu viel getrunken. Ob ich nichts mehr zu trinken bestellen sollte? Yvonne kam, sagte mir lächelnd guten

Tag und fragte, ob ich meinen Beaujolais wollte. Aus Zaghaftigkeit oder weil es mich lockte, sagte ich ja. Es gab ein Navarin mit Kartoffeln, das sie mir empfahl. Sie goß mir ein Glas ein. Ich fühlte, sie betrachtete mich mit freundschaftlicher Besorgnis. Ich trank das Glas in einem Zuge aus. Der Rausch, die Leichtigkeit waren verflogen, und ich wurde schläfriger. Aber das war nicht unangenehm. Ich schmeckte das Navarin nicht mehr, ich weiß nicht mehr, ob ich Käse oder eine Süßspeise oder beides gegessen habe, nur an den Kaffee erinnere ich mich, den sie mir servierte: »Trinken Sie, er ist sehr stark, der wird Sie wach machen.«

Der Kaffee machte mich nicht wach. Ich muß mir Mühe geben mich zu erinnern, daß sie mich zur Tür brachte, daß ich rechts an der Mauer entlang ging, dann rechts um die Ecke, und daß ich vor meiner Tür anlangte. Ich hatte einen hellen Augenblick, daß ich achtgeben müßte, im Korridor nicht zu torkeln und im Vorbeigehen an der Loge der Concierge mich schön gerade zu halten. Sie öffnete, sah mich an und folgte mir mit den Blicken, als ich die ersten Treppenstufen hinaufstieg. Das übrige habe ich vergessen. Ich erinnere mich nur, daß ich Mühe hatte mich auszuziehen. Am nächsten Morgen weckte mich Jeanne, als sie läutete. Sie war früher gekommen, so wie ich es verlangt hatte. Als sie ins Schlafzimmer trat, sah sie mich komisch an und sagte, sie fände, ich sähe gar nicht sehr komisch aus. Ach, dieses Kopfweh und die Übelkeit! Dagegen gab es nur ein Mittel: ein Glas Cognac oder vielmehr zwei.

Ich wusch mich oberflächlich und ging aus dem Badezimmer. In halb euphorischer Stimmung nach dem dritten Glas trank ich einen sehr starken Kaffee, den sie mir gemacht und dringend empfohlen hatte. Dann legte ich mich mit der Zeitung, die sie mir mitgebracht hatte, auf mein Sofa. Ein Familienvater hatte Frau und Sohn mit dem Beil erschlagen, während sie schliefen. Eine Frau hatte Mann und Tochter erschossen, während sie schliefen. Liebesleute hatten in einem Hotelzimmer Selbstmord verübt. Ein sechzigjähriger Bauer hatte seinen fünfzigjährigen Nachbarn, einen Wilderer, mit seinem Karabiner erschossen. Die Leiche einer verschwundenen jungen Frau war endlich ganz gedunsen in der Seine aufgefunden worden. Ein Franzose, mit einer Japanerin verheiratet und von dieser eines Deutschen wegen verlassen, hatte Harakiri gemacht. In der Absicht, Selbstmord zu begehen, hatte ein Mann den Gashahn geöffnet, war aber nicht tot, dagegen hatte er das Haus in die Luft gesprengt und war selbst unter den Trümmern heil hervorgezogen worden, während seine Nachbarn, ein Rentnerehepaar mit ihrem Enkel, erschlagen wurden. Irgendwo war Krieg. Zehntausend Tote und fünfzehntausend Verwundete ... In Amerika war ein Flugzeug im Fluge explodiert, in Asien war eins bei der Landung in Flammen aufgegangen. Anderswo waren Geiseln genommen worden. Noch anderswo waren auch Geiseln genommen worden, jedoch hatten hier Elemente von rechts das Kidnapping verübt, während es im andern Fall Leute der äußersten Linken waren. Revolten in Afrika: Stämme, welche die Dekolonisation und die nationale Selbständigkeit erreicht hatten, brachten sich gegenseitig um wie vor der Kolonisation. Die nationale Unabhängigkeit erlaubte ihnen, zu archaischen Bräuchen zurückzufinden. Es war jammervoll. Die Welt wird zugrundegehen, weil es nicht mehr genug Sauerstoff gibt. Astronauten kommen vom Mond zurück. Eine neue Philosophie des Begehrens setzt sich für mehr Karnevalveranstaltungen ein. Der Vatikan predigt Menschenliebe und Barmherzigkeit. Eine internationale Vereinigung mit dem Sitz in Yokohama verlangt von den Menschen sich fröhlich gegenseitig umzubringen. Interessant. Aber das dürfte, glaube ich, nur ein Witz sein. Man bringt einander nicht ganz so fröhlich um. Dazu braucht es unbedingt die Energie des Zorns. In einem fernen Land hat es seit Beginn des Bürgerkriegs eine Million Tote gegeben. Die Gegner wurden in ihrem Kampf von drei großen rivalisierenden Reichen unterstützt, die ihnen Waffen lieferten.

Die Tierschutzorganisation verlangt, daß man die jungen Seehunde nicht mehr massakriere. Ein junger Mann tötete seinen Vater, weil er ein Bourgeois war. In einem andern Land, wo Bürgerkrieg ist, wurde ein ganzes Dorf, Männer, Frauen, Kinder, Greise mit Flammenwerfern vernichtet, und zwar durch Einwohner des Dorfes selbst, weil sie einer Sekte angehören, die ihnen untersagt, am Krieg auf der einen oder andern Seite der Kämpfenden teilzunehmen.

Eine Enttäuschung all das. Immer dasselbe, wie langweilig. In der Tat, da alle Menschen auf jeden Fall sterben müssen, was hat es für einen Sinn, sie etwas früher zu töten? Aber obwohl es alle Tage dasselbe ist, hält alles was passiert, den Geist immerhin wach. Ich wollte gerade einschlafen, als Jeanne ins Zimmer kam.

Während sie die Möbel polierte, schalt sie mich und sagte, ich lebte ungesund. Sie hätte gemerkt, daß ich etwas zuviel tränke, das sei schädlich. Das schicke sich nicht für einen Mann im besten Alter. Ob ich mich nicht an die Arbeit machen wolle? Ich hätte eine Erbschaft gemacht, schön und gut. Aber das sei kein Grund, nichts zu tun. Wenigstens heiraten sollte ich. Oder hätte ich die Absicht, allein zu leben wie ein Impotenter? Ich sollte eine Familie gründen. Ich sollte Kinder bekommen. Der Mensch ist dazu geschaffen, und solange die Kinder klein sind, sei es so nett. Und wenn sie größer werden und man wird älter, dann lassen sie einen nicht in der Not allein und helfen. Allein sterben, von allen verlassen, das ist noch trauriger als allein zu leben. Ich wüßte nicht, was mich erwartete. Sie ja, sie hätte einen Mann, mit dem sie sich nicht sehr gut vertrug, aber nun sei er krank. Sie hatten ein Kind, einen Sohn, den sie gut erzogen hatten, der sie aber verlassen hat, er war gutherzig, aber es war wegen seiner Frau. Keine Nachrichten mehr von ihm. Sie sollen ein Kind bekommen haben. Sie hätte auch eine Tochter, ebenfalls gut erzogen und sehr nett. Aber sie hatte ein Kind bekommen, sie auch, und es war gestorben, da hatte sie ihren Mann verlassen. Sie ist nach Haus zurückgekommen, dann wieder fortgegangen, sie führt ein Lotterleben. Von Zeit zu Zeit hört man durch Vettern von ihr, sie soll süchtig sein, wo man doch so gut auf sie achtgegeben hatte! Kinder sind undankbar. Man gibt sein Herzblut für sie hin, es ist nicht leicht sie aufzuziehen, und wenn sie groß sind, vergessen sie einen, besser keine zu haben oder wenn schon, dann gute Kinder und keine undankbaren. Auf Dankbarkeit ist bei Undankbaren nicht zu rechnen.

Ich sagte, sie hätte bestimmt recht. Das brachte sie nicht zum Schweigen. Sie redete und redete, hielt den Lappen in der rechten Hand und gestikulierte mit der linken. Ich mußte ihr versprechen, zu heiraten und

Kinder zu bekommen. Ich versprach es. Sie war nicht sehr überzeugt. Ich schwor ihr, ich würde es tun. Endlich ging sie. Es war noch zu früh, um ins Restaurant zu gehen. Und wenn ich vorher einen Spaziergang machen würde? Einen langen Spaziergang durch das ganze Viertel. Das könnte aufregend sein. Es könnte zum Beispiel aufregend werden, ein neues Café zu entdekken. Daran fehlt es nicht. Jeden Tag in einem andern Café den Apéritif trinken, das könne wie eine Ausgrabung sein, auch einen anderen Apéritif zu trinken, wäre aufregend. Gestern einen Campari, heute vielleicht einen Vermouth. Mich packte eine große Lust, in einem andern Bistrot einen Vermouth zu trinken. Ich fühlte eine unwiderstehliche Heiterkeit in mir aufsteigen. Ich sah durchs Fenster um mich zu vergewissern, ob Jeanne nicht mehr auf dem Trottoir der kleinen Straße stand und mit jemandem schwatzte. Wenn ich sie sähe oder sie mich, könnte sie mich anhalten und mir ich weiß nicht was sagen, mich zum Beispiel der Person vorstellen, und es käme zu einer Unterhaltung zu dritt.

Sie war nicht mehr auf der Straße. Ich stürzte aus der Wohnung. Da stand sie vor der Loge mit der Concierge. Als sie mich sahen, hörten sie auf zu sprechen. Hatten sie von mir gesprochen? Was kann ihnen das ausmachen? Sie sollen mich zufrieden lassen. Ich tue was ich will. Ich tue nichts, wenn ich nichts tun will. Das geht nur mich etwas an. Ah! gleich werde ich mich ärgern. Ich ging schnell hinaus. Aber vorher, als ich mich auf der Schwelle umdrehte, hatte ich gesehen, daß sie mir nachblickten. Was bilden sie sich ein? Das ist die Concierge, sie steckt dahinter, wäre nicht die Concierge, dann hätte Jeanne mir nicht Moralpredigten gehalten. Sie ist ja doch eine gute Frau.

Man muß immerhin mit den Leuten rechnen. Sie existieren, denn sie ärgern mich, wenn sie sich um meine Angelegenheiten kümmern. Das genügt, um mich aus meinen Gedanken herabzuziehen auf ihre Ebene. Sie lösen mich aus der Wirklichkeit und schließen mich in ihre ein. In ihre Art zu sehen, vielmehr. Man nimmt ihre Optik an. Man merkt, man muß mit den andern rechnen. Ich kann es nicht vermeiden, mit ihnen zu rechnen, das springt in die Augen, aber ich will vor allem auf das Anderswo rechnen. Nur das Anderswo ist wahr. Ich ging um die linke Straßenecke, wanderte ziemlich lange, überquerte zwei, drei Straßen – der Himmel war bedeckt – bevor ich ein Bistrot an der Ecke der Straße und der Avenue erreichte, die sich bis ins Unbestimmte, vielleicht bis ans Ende der Welt hinzog. Ich betrat das Bistrot, bestellte mir etwas zu trinken und trank meinen ersten, dann meinen zweiten Vermouth. Es standen viele Gäste an der Theke. Arbeiter, weiße und schwarze, Handwerker, Maurer, mit Gipsflecken, und dann ein ganz kleines Männchen in einem sandfarbenen Mantel, der mit einem viel größeren aber ebenso schäbigen Kerl redete, beide redeten sehr viel, aber nicht sehr laut. Ihrem Äußeren nach dürften sie Versicherungsagenten sein. Die andern, die Arbeiter, sprachen sehr viel lauter und schlugen sich auf die Schulter. Sie riefen sich von einem Ende des Tresens zum andern zu.

Nach und nach überkam mich wieder das Gefühl des Seltsamen, des Ungewöhnlichen der Welt. Auch wurde mir bewußt, und zwar mit der Schärfe, die für diese Intuition und diesen Zustand der Sammlung bezeichnend ist, daß diese Leute mir fremd waren. Wie schwer ist es doch, die Seele der andern zu durchschauen. Und doch wäre ich ihnen diesmal gern näher gewesen. Was geschähe, wenn ich ihnen näher, wenn ich unter ihnen wäre? Wie interessant! Ich würde leben. Sie waren wie durch eine dicke unzerbrechliche Glasscheibe von mir getrennt.

Was tun, um an sie heranzukommen? Für mich sind sie Marsbewohner, diese Menschen meiner Art. Waren nun *sie* hinter der Glasscheibe wie in einem Zoo, oder war ich es? Wenn ich mir Mühe gab, konnte ich bewirken, daß ihre Bewegungen, ihre Gesten mir zerfahren schienen, wie eine Sprache, deren Sinn ich nicht erfaßte. Ihre Worte wurden mir unverständlich. Wie Schreie. Die Worte entleerten sich ihrer Substanz wie Schalen, die ihren Inhalt verloren haben. Geräusch. Sie machten den Mund auf, sie machten den Mund zu, sie gossen sich den Inhalt von Gläsern in den Mund, in dieses Loch, in das man Dinge tut, die durch andere Löcher wieder abgehen. Ich wandte den Kopf der Straße zu, die Fassaden der Häuser schienen mir keine Fassaden mehr zu sein. Die Passanten schienen mir keine Passanten mehr zu sein. Dann betrachtete ich meinen Tisch, mein Glas, meine Hand. Ich bewegte die Finger, ich hatte Lust zu lachen. Dann kam die Angst. Dann war ich verblüfft. Ich sah mich um: was ist das alles? Die Frage selbst schien mir sinnlos. Was heißt das, sich zu fragen, was das ist? Und was heißt es ...

Am Ende von allem, am Ende von allem war ich. Und doch auch hier, im Herzen der Dinge. Wird es zerreißen, werde ich erblicken, was dahinter ist? Was nicht ist? Meine Augen sind unzulänglich. Ich nahm wieder das Glas zur Hand, voller Furcht, voller Hoffnung. Aber ich fühlte es, ich fühlte es. Das weckte mich auf. Oder schläferte mich ein.

Eines Tages kam man, um mir das Telefon einzurichten. Ich konnte mich nicht entschließen, ob ich den Apparat in das vordere Zimmer, zum Beispiel neben das Sofa stellen lassen sollte, oder lieber ins Schlafzimmer auf den Nachttisch. Es wäre ganz angenehm, mit Leuten zu plaudern (denn ich beabsichtigte, Kontakte aufzunehmen oder wiederaufzunehmen), auf dem Sofa liegend, bei Tageslicht und dabei von weitem die Leute auf der Straße zu beobachten. Ich hatte ihnen soviel zu sagen, seit ich das Bureau verlassen und sie nicht mehr gesehen hatte. Was mag wohl alles geschehen sein während der vier Wintermonate? Heiraten, Begräbnisse, neue Angestellte? Ich hätte auch gern mein altes Bistrot wiedergesehen. Schön ist es gewesen. Das Leben ist wundervoll, wenn man es im Ganzen sieht, in der Vergangenheit, räumlich entfernt, das zeitlich wird mit dem Abstand. Es wird ein ganzer Block, eine Art Haus oder Schloß, das man Zimmer um Zimmer, Stockwerk um Stockwerk besichtigen kann. Daß ich mir nicht darüber klar geworden bin, wie schön es war. Wie dumm das ist! Ich gehe hin, bald, morgen, irgendwann dieser Tage, in der Schönheit des Frühlings, der wiederkommt. Schon sind Blätter an den Bäumen. Das Leben, das mir wie eine Last vorgekommen war, schien mir jetzt ein Schmuck, ein Monument, ein Schauspiel. Die Welt vom Gesichtspunkt eines Toten aus betrachten, wenn das möglich wäre. Es ist ein Märchen. Es ist wundervoll. Und dann bekommen die Dinge eine so in die Augen springende Bedeutung, eine solche Wichtigkeit! Ich begann mich nach der Vergangenheit zu sehnen. Das macht nichts. Ich kann mich in sie zurückversetzen, wann ich will. Was ist aus Lucienne geworden? Bekommt sie ein Kind?

Und Juliette? Und Jeannine? Und der Chef? Ein braver und armer Mann im Grunde. Zu denken, daß ich mich tyrannisiert gefühlt habe! Er war eher komisch. Warum versteht man es nicht, zur rechten Zeit zu lachen? Nichts wiegt schwer, denn alles vergeht. Oder entfernt sich vielmehr. Und das wird ein Ganzes mit genauen Umrissen, die der Blick der Erinnerung umfassen, prüfen, analysieren, rekonstruieren kann. Wie sehr muß es ein Mensch, der dahingeht, bedauern, wenn er zu spät gewahr wird, daß alles ein Wunder war, die geringsten Dinge, der Duft des Morgenkaffees, ein komischer Streit, Streitereien sind amüsant, eine Fliege in der Suppe, eine Dragoneruniform, der Dragoner in seiner Uniform. Wenn Krankheiten, Epidemien, Foltern, Kriege vorbei sind, tun sie nicht mehr weh. All das will in seiner Eigentümlichkeit betrachtet und überdacht werden. – Ich werde anrufen, ja, ich werde alle Leute anrufen.

Aber ich sollte das Telefon doch lieber nicht in das große Zimmer stellen. Natürlich will ich Leute empfangen, aber gestört werden will ich nicht. Ich habe meine Rufnummer nicht ins Telefonbuch setzen lassen. Wenn unerwünschte Besucher kämen und den Apparat sähen, könnten sie mich nach meiner Nummer fragen. Ich beschloß also, ihn ins Schlafzimmer stellen zu lassen. Es gibt ein paar Personen, denen ich meine Nummer geben werde. Ich möchte nicht zu früh und nicht zu spät geweckt werden.

Der Postbeamte sagte mir, es wäre ganz einfach, in jedem Zimmer einen Anschluß einzurichten: »Dann können Sie den Apparat hinstellen, wo Sie wollen.« Richtig, das war ganz einfach und kostete nicht viel.

Ich nahm den Hörer ab. Warum diese fieberhafte Ungeduld? Ich wählte die Nummer des Philosophiestudenten. Er dürfte kein Student mehr sein, er hatte gewiß letzten November sein Abschlußexamen gemacht. Der Himmel bezog sich. Es würde bald regnen. Das ist sehr unangenehm, ein grauer Himmel bedrückt mich. Und wenn er lange grau bleibt, gibt es nur eine Möglichkeit: das graue Elend in Alkohol zu ertränken. Aber schließlich, es war noch erträglich, ungeduldig wie ich war, in der Hoffnung, mit dem Studenten zu sprechen. Es läutete, immer noch keine Antwort, ich war mehr und mehr enttäuscht, ich behielt den Hörer immer noch am Ohr. Recht hatte ich mit meiner Beharrlichkeit. Eine Frauenstimme antwortete mir: »Ist André nicht da?« fragte ich mit Herzklopfen.

»Doch, er ist eben gekommen, er ist schon da.«

Ich nannte meinen Namen, fragte ihn, ob ich ihn nicht störe, er sagte nein, aufrichtig, aber ja, aufrichtig, es machte ihm Vergnügen, mich zu hören, er wollte sogar wissen, wie es mir ginge, ja er habe sein Examen bestanden. Er unterrichte an einem Lyzeum und bereite gleichzeitig seine Dissertation vor. Er hatte sogar daran gedacht, sich in meinem früheren Bureau nach meiner Adresse zu erkundigen, ich sagte ihm, daß man sie dort nicht kenne, daß ich seit zwei, drei Monaten beabsichtigte hinzugehen und sie zu hinterlassen und ein paar meiner einstigen Kollegen zu mir einzuladen, daß ich diese Reise, ein wahres Abenteuer, von einem Tag zum andern aufgeschoben hätte. Aber jetzt war es beschlossene Sache. Es würde mir ein Fest sein hinzugehen. Ich plauderte lange mit ihm, er versicherte, er habe keine Eile und bat, ihm zu erzählen, wie ich mein Leben eingerichtet hätte.

Ich war höflich genug, ihn zu bitten, mir erst einmal etwas von sich zu erzählen. Das tat er. Er war mit der Frau, die mir am Telefon geantwortet hatte, verlobt. Sie wäre sehr jung, zwei Jahre jünger als er, hübsch, intelligent und auch Studentin.

Ich sagte ihm, mir ginge es soso, mir ginge es gut. Es täte mir wohl, mich auszuruhen. Nur von Zeit zu Zeit langweilte ich mich. Ich ginge nicht ins Kino. Das wäre falsch. Ich hätte Lust hinzugehen. Ich läse kaum. Aber ich würde jetzt lesen, weil die andern und das, was sie sagten und ihre Probleme anfingen mich zu interessieren. Im übrigen ist alles interessant, mehr oder weniger selbstverständlich. Es gibt kein gradweises Interesse an Personen oder Dingen an sich. Wenn man die einen den andern vorzöge, so sei das eine Sache der Subjektivität, eine wahre Hierarchie gäbe es nicht.

Er sagte (machte er sich über mich lustig?), ich wäre innerlicher geworden in meiner Einsamkeit und hätte sicherlich sehr viel nachgedacht. Nachher erzählte ich ihm von alltäglichen Dingen, von der Concierge, die mich anfangs etwas komisch ansah, als sei ich ein komischer Kerl. Sie legte mir gegenüber eine ausgesprochene Antipathie an den Tag. Nein, ich habe keinen Verfolgungswahn. Ich hatte ihr kleine Geschenke gemacht, ich hatte ihr Trinkgelder gegeben, die sie zwar annahm, die sie aber zu demütigen schienen. Jedesmal, wenn ich vorbeiging, machte sie mir Geschichten. Ich ging oder kam gerade, wenn sie den Eingang ausfegte und ich trüge den ganzen Staub mit meinen Sohlen auf die Treppe. Sie sah mich schief an. Sie stellte mir Fragen, die einigermaßen indiskret waren: »Ach, da sind Sie schon wieder, wo gehen Sie hin? Immerzu gehen Sie aus. Dabei müssen Sie nicht zur Arbeit. Glück haben Sie. Unsereins hat es nicht so gut.« Und dann ist nach und nach diese Feindseligkeit, dieses Mißtrauen verschwunden, wenigstens trat es nicht mehr in Erscheinung. Sie hatte sich an mich gewöhnt, an mein seltsames Einzelgängertum. Ich sähe so aus, sagte sie einmal, als wolle ich mich vor der Polizei verstecken. Oder vor gewissen Rivalen. Ich sagte ihr, kein Mensch wolle mir an den Kragen, und ich hätte nie zum Milieu gehört. In der Tat, fügte sie hinzu, sähe ich nicht mutig genug für so etwas aus. Doch nein, jetzt war Schluß. Ich machte sie nicht mehr nervös, ich interessierte sie nicht mehr. Das fühlte ich. Jetzt nickte sie automatisch, wenn ich den Hut zog, denn ich hatte die Gewohnheit, immer einen Hut zu tragen. Sah sie mich überhaupt? Jedenfalls sah sie mich nicht mehr an. Ich gehörte zu den Treppen und den Fluren. Es war nicht mehr wie vorher, als sie die Gardine an der Glastür ihrer Loge beiseite schob und mir finstere Blicke zuwarf. Ich hatte eine Putzfrau, Jeanne, die mir ständig ihre Geschichten erzählte. Ich habe genug von ihr. Sie hat sich nicht geändert, sie redete ununterbrochen. Die Ohren taten mir weh, sie störte mich in meinen Träumereien, in meinen Gedanken, es war genau wie am ersten Tag, sogar schlimmer, es hatte sich nichts geändert. Es war schwierig von ihr wegzukommen, sie rief mich zurück, hielt mich am Jackenknopf fest. Umsonst versuchte ich, mich auf Zehenspitzen fortzuschleichen, sie hat ein feines Gehör. Aber interessiert Sie das? fragte ich meinen Gesprächspartner. Ich benehme mich genauso wie Jeanne. Nein, nein, antwortete er, es interessiert mich, Ihr Fall interessiert mich. Er war Philosoph, aber auch Psychologe und Psychoanalytiker. Es ist großartig, Psychologe zu sein und sich so sehr für andere Leute zu interessieren, es ist eine Berufung, anderen zuzuhören.

Im Grunde geht es also gut, es geht recht gut? Ja, ja, antwortete ich auf seine Frage, nur manchmal habe ich das Gefühl, in einer Art gläsernem Käfig zu sitzen, abgetrennt von den andern. Freilich war das ziemlich langweilig. Und gerade gegen die Langeweile hatte ich unter anderm anzukämpfen, wenn ich mich nicht in einem gläsernen Käfig sitzen fühlte, und wenn ich moralisch den andern die Hand reichte, wichen die gläsernen Wände zurück, und das ganze Universum schien mir mit unsichtbaren Wänden umstellt. Hindurchsehen konnte man nicht ... Der Himmel war eine Kuppel, und hinter den Häusern, hinter der Stadt, hinter den Feldern war der Horizont, die geschlossene Tür des Horizonts. Ist das normal, all das? Die Zeit verging sehr schnell und zugleich sehr langsam, so schien es mir; die Sekunden waren endlos, jede Sekunde eine Wunde, und die Jahre waren kurz. Das ging vorüber. Ich weiß, das ist nicht neu, jeder bedauert mehr oder weniger die Zeit, die verfließt. Aber der Widerspruch war für mich unerträglich. Ich trug die ganze Schwere des Augenblicks, die mich so niederdrückte, daß ich keine Möglichkeit hatte, diesen Augenblick zu nützen oder gar zu genießen. Auch die andern haben traurige Gesichter, die Langeweile und Niedergeschlagenheit ausdrücken. Sie glauben, daß ich mein Ich nach außen projiziere und den andern meine furchtbare Not, meine Depression andichte? Sie glauben, die andern seien fröhlich, sorglos, sie hätten kleine oder auch schwere Sorgen, die sie aber nicht bedrücken? Sie meinen, daß die andern leben? Es ist nicht normal, nicht wahr? Ich sollte lieber arbeiten, aber was? Ich kann bestimmt nicht ins Bureau zurück und meine acht Stunden täglich absitzen. Lieber langweile ich mich ein bißchen. Übrigens langweile ich mich nicht immer, ich langweile mich nicht den ganzen Tag. Da ist das Aufwachen. Einverstanden, das Aufwachen ist unangenehm. Einen Tag vor mir haben wie einen ungeheuren verlassenen Strand, dessen Ende nicht abzusehen ist. Doch ich stehe auf, mache mir meinen Kaffee und trinke ihn. Jeanne wird Tasse, Untertasse und Topf abwaschen. Meinen Kaffee trinken, das ist ein guter Moment. Sie sehen, es gibt für mich auch gute Momente. Die guten gehen schnell vorüber. Man müßte ein Mittel finden, sie auszunützen und auszudehnen. Es kommt vor, daß Freude, daß Übermut aufsprudelt. Das dauert nicht. Aber wenn es ein solches Aufwallen, ein solches Hochschnellen gibt, dann muß es auch eine unerschöpfliche Quelle, einen Brunnen geben, vielleicht auch einen ganz neuen See, umgeben von weißen Bergen mit von der Sonne vergoldeten Abhängen und das Licht eines inneren Paradieses. Das muß es irgendwo geben. Das sage ich mir, daran glaube ich ein wenig, daran glaube ich weniger, daran glaube ich gar nicht. Je mehr ich mich hineindenke, desto mehr finde ich nichts als Schlamm. Einen schmutzigen Sumpf. Ich widerspreche mir, ja, ich widerspreche mir. Das heißt, es gibt auch innen günstige Strömungen, etwas wie einen Kampf. Ich bin nicht immer zerschmettert, nicht immer schiffbrüchig ... Ich weiß, daß die Welt immer wieder neu, immer wieder unberührt ist. Das gibt mir so etwas wie einen Lebenswillen. Aber das, was ich weiß, weiß ich nicht genug, nicht mit meinem ganzen Wesen. Dagegen kommen die Schwere und die Undurchdringlichkeit, ohne daß ich daran denke, ich fühle sie, als existierten sie wirklich, so als wären sie das Fundament und der Stoff von allem. Er antwortete mir, er hätte sehr wohl noch Zeit, mit mir am Telefon zu reden, er brauchte keinen Unterricht zu geben, ich könnte ruhig noch ein paar Augenblicke fortfahren, ja sogar länger. Mein Fall sei, behauptete er, den Psychotherapeuten durchaus bekannt. Er führte mir keineswegs seltene Beispiele von Kranken an, denen die ganze Welt wie Kot vorkäme. So weit sei ich glücklicherweise nicht, antwortete ich. Wie Schlamm ja, aber auch wie ein reiner See, auch wie Schnee. Normale Menschen sind zwischen beiden. Nicht Licht, nicht Finsternis. Dazwischen machen sie ihre Geschäfte, haben ihre Sorgen, ihre täglichen Verdrießlichkeiten, sie leben davon. Das macht das Leben aus. Das ist das Menschliche... Ich, ich kann nur im Zustand der Gnade leben. Wer lebt schon im Zustand der Gnade? Nicht im Zustand der Gnade leben ist unzumutbar. Für mich gibt es keine Mitte zwischen Gnade und Scheiße. Die andern sind mehr oder weniger unberührt. Sie passen sich diesem Fehlen an. Ich verlange zuviel, ich bin zu hochmütig, ich denke nur an mich, warum kümmere ich mich nicht um die andern? Das ist das Problem, das ist die wahre Unfähigkeit. Die andern geben sich mit ihrer Kondition zufrieden. Sie leiden nur, wenn große Katastrophen eintreten: Tod ihrer Lieben, Krieg, Hungersnot, Krankheiten. Ich muß gestehen, das interessiert mich auch. Es ist vielleicht gemein, aber es bringt eine Abwechslung in mein Dahindösen. Ich warte mit Ungeduld und Vergnügen darauf, daß die Putzfrau mir die Zeitung bringt. Ich stürze mich auf die Zeitung und genieße, mürrisch zwar, aber es ist trotzdem ein Genuß, die

Schlagzeilen über Krieg, Greuel, Brandstiftungen, Überschwemmungen, die steigende Luftverschmutzung, die uns vielleicht ersticken wird. Eine Mischung von Furcht und Reiz. Das ist jeden Morgen ein Zeitvertreib von einer halben Stunde. Das ist lebendig oder aufregend. Nachdem ich diese Neuigkeiten zur Kenntnis genommen habe, kommen die Kreuzworträtsel dran. Das ergibt wieder eine Stunde. Dann kommt die Stunde des Apéritifs, dann das Mittagessen, dann die Siesta. Zwei, drei Stunden, die schwierig zu überstehen sind, dann das Abendessen und die Heimkehr. Dann überkommt mich tiefer Schlaf. Am Tag darauf morgens dieselbe Niedergeschlagenheit, der Kaffee, der mich belebt und so fort. Sie sehen, ich organisiere doch einigermaßen meinen Tagesablauf. Aber vor allem ist da und bleibt da das Staunen, daß ich existiere, und daß die Dinge existieren. Und vor allem diese Unfähigkeit, das Unendliche zu begreifen. Das erleichtert das Leben nicht, aber ich gebe es nicht auf, mir die Frage zu stellen, und Sie sagen selbstverständlich, all das ist banal. In der Tat. Ich bin geboren im Grauen, im Leiden, und ich lebe im Grauen vor dem Ende, vor dem Abgang. Ich bin in einer unglaublichen Falle gefangen, in einer unzumutbaren, teuflischen Falle zwischen zwei fürchterlichen Ereignissen.

Er antwortete, das alles sei sehr banal, das sei längst bekannt. Ich müßte mehr lesen oder überhaupt lesen, denn ich lese gar nicht. Die Gnostiker zum Beispiel könnten mich belehren. Und, wissen Sie, jedermann hat sich diese Fragen gestellt. Was Sie sagen, ist absolut nicht neu. Natürlich, antwortete ich, Sie kennen diese Probleme, Sie sind belesen, Sie haben ein Wissen, aber mich rütteln diese Probleme auf, für mich sind sie lebendig. Für Sie sind diese Probleme nur Kultur. Sie erwachen nicht jeden Morgen mit der angstvollen Frage, was für Antworten es gibt, und daß es keine Antworten gibt. Aber Sie wissen, daß jeder sich schon diese Fragen gestellt hat. Sie wissen, daß man sie nie beantwortet hat, und daß man sie nicht beantworten kann. Nur ist bei Ihnen all das katalogisiert. Sie wissen, diese Probleme sind gestellt worden, Sie wissen, wer sie gestellt hat, Sie wissen, daß so und so viele Abhandlungen und Bücher an diese Themen herangegangen sind, Sie stellen sich diese Frage nicht mehr, sie haben sie irgendwo in Ihrem Gedächtnis abgelegt. Aber ja, für Sie ist das nur Kultur. Man hat die Verzweiflung kultiviert und Literatur und Kunstwerke daraus gemacht. Das hilft mir nicht weiter. Das ist Kultur, Kultur. Umso besser für Sie, wenn die Kultur das Drama, die Tragödie des Menschen hat abwenden können.

Er sagt, ich müsse ihn besuchen, wir würden all das durchsprechen. Jetzt hätte er keine Zeit mehr, er müsse weggehen, er habe berufliche Verpflichtungen. Ich sei ein besessener Neurotiker, es sei nicht normal, unaufhörlich dieselben Dinge wiederzukäuen. Er kenne jemanden, der mich heilen könne. Wenn die metaphysische Angst so weit ginge wie bei mir, müsse sie behandelt werden. Es gäbe Pillen aller Art, die metaphysische Angst zu kurieren. Die Angst widerstehe jetzt nicht mehr der Chemotherapie.

Er legte auf. Ich dachte, es sei sonderbar es anormal zu finden, wenn man unablässig mit der Frage lebt, was das Universum ist, welches meine Stellung darin ist, was ich hier zu tun habe, und ob hier überhaupt etwas zu tun ist. Mir scheint es vielmehr anormal, daß Leute nicht daran denken, daß sie in einer Art Unbewußtheit dahinleben. Sie, all diese andern, haben vielleicht ein nicht formuliertes, irrationelles Vertrauen, daß sich alles eines Tages klären würde. Vielleicht wird ein Morgen der Gnade für die Menschheit kommen. Vielleicht wird ein Morgen der Gnade auch für mich kommen.

Vor dem Einschlafen, vor dem Untertauchen in jenen Abgrund des Schlafes kam es vor, daß ich in einem halblichten Moment bei dem Gedanken lächelte, daß in einigen Stunden das Morgenrot mir vielleicht das Wissen und die Erlösung bringen und daß dieses Morgenrot ewig dauern würde. Zuweilen dachte ich abends daran. Nur zuweilen, denn meistens kam ich betrunken, unbewußt, fühllos und befreit von der Besessenheit des Unlösbaren und Unheilbaren nach Hause, und jeden Morgen wieder ist es nicht der Morgen, von dem ich träume, den ich erhoffe. Es ist wie eine enorme Bitterkeit, die, würde der Arzt sagen, vielleicht von der Leber kommt. Ganz gleich, jedenfalls ist es eine Bitterkeit, die ich nicht loswerden kann. Ich versuchte wieder einzuschlafen, den Schlaf zu verlängern, so daß Nacht und Schlaf kein Ende nähmen. Die Aussicht auf den langen Tag, der mich erwartete, der mich bereits in Besitz nahm, der Gedanke, daß ich Stunden und Stunden gegen die Langeweile zu kämpfen haben würde und nicht immer mit Erfolg, bestürzten mich. Alles war qualvoll, die kleinste Geste, der Anblick dieser Wände und dieser geblümten Bettdekke. Doch ich mußte aufgestanden sein, bevor Jeanne kommt. Sie stand früh auf, sie arbeitete, ich schämte mich meiner Faulheit oder dieser moralischen Lähmung. Ich streckte einen Fuß aus dem Bett, dann den zweiten, ich stand auf, ich trug an meinem Körper wie an einer Last, ich versank in Niedergeschlagenheit. Der Gedanke, mich waschen zu müssen, schien mir so hart wie das Tagewerk eines Schwerarbeiters. Ich betrat das Badezimmer wie ein Sträfling. Das dauerte eine halbe Stunde. Früher wusch ich mich kalt. Das ist ein Entschluß, der mir unmöglich geworden war. Ich stieg immer irgendwie furchtsam ins Bad. Zweifellos symbolisierte das eine sehr alte Angst vor dem Wasser. Die Wanne voll Wasser kam mir wie ein Grab vor. Ins Wasser steigen war wie lebendig begraben werden. Und dann mußte ich mich rasieren. Ich sah mich eine Weile im Spiegel an, bevor ich an diese Arbeit ging. Ich strich mir mit der Hand übers Gesicht. Ich bemerkte, daß die harten Härchen schon ein bißchen weiß wurden, ich betrachtete mich und gefiel mir nicht: diese zu große Nase, diese ausdruckslosen zu blaßblauen Augen, dies etwas gedunsene Gesicht, diese schlecht gekämmten, zu langen Haare, denn ich ging nicht oft zum Friseur, diese zu großen Ohren, diese Falten im gedunsenen Gesicht, niemand war so wie ich, alle mußten merken, daß ich nicht so war wie alle andern. Diese Absonderlichkeit mußte peinlich wirken. Und doch hatte mein Gesicht nichts Anormales. Ich war wie die andern, ohne wie die andern zu sein. Der ungewöhnliche Charakter meiner Person mußte wohl durch meine Haut hindurch scheinen. Dabei sah mich auf der Straße keiner an, die Leute drehten sich nicht nach mir um. Oder doch, die Concierge, die Nachbarin mit ihrem kleinen Hund, Jeanne, die Putzfrau, die oft den Kopf schüttelte, wenn sie mich ansah, und dann die Kellnerin, die sich mir gegenüber ganz eigenartig betrug, ein wenig freundschaftlich, ein wenig verächtlich. Die andern erwiderten im allgemeinen meine Blicke nicht, oder wenn sie mich anblickten, dann mit einer Art Feindseligkeit mir gegenüber. Ja, das war's, sie alle bezeigen mir Feindseligkeit oder Gleichgültigkeit. Aber auch ich empfinde für sie Feindseligkeit und Gleichgültigkeit. Was hatten sie mir vorzuwerfen? Nicht so zu leben wie sie, mich nicht mit meinem Geschick zufrieden zu geben. Und ich, was hatte ich ihnen vorzuwerfen? Nichts. Besonders, wenn ich bedenke, daß sie im Grunde ebenso waren wie ich. Sie waren ICH. Darum zürnte ich ihnen. Wären sie wirklich anders als ich gewesen, hätte ich sie zum Vorbild nehmen können. Das hätte mir geholfen. Ich hatte das Gefühl, die ganze Furcht und die Seelenangst von Milliarden Geschöpfen, das Unbehagen aller in mir zu tragen. Selbst in andere Kondition versetzt, würde jeder von ihnen in derselben Seelenangst, derselben Furcht vor dem Dasein, demselben Unbehagen leben. Aber sie gehen dem nicht nach. Sie sehen zu, wie sie junge Menschen, Erwachsene, Greise werden und das in einer Art Unbewußtsein oder Resignation, einer unbewußten Resignation. Sie wehren sich gegen sich selbst, wie sie eben können, so sehr sie können. Doch wenn jeder in sich ginge, würde jeder die Seelenangst und Furcht der Milliarden von Lebewesen mittragen. Sie ist in jedem von uns, diese Seelenangst. Und das scheint mir zweifellos eine Grausamkeit der göttlichen Macht zu sein: Jeder ist zugleich einmalig und jedermann, jeder einzelne ist die Allgemeinheit. Es wäre so viel einfacher gewesen, wenn Seelenangst und Verzweiflung und Panik gleichmäßig über all die Milliarden Lebewesen verteilt worden wäre. Unsere Angst wäre dann nur der dreimilliardste

Teil des universellen Leids. Aber nein, jeder zieht in seinen Tod das ganze zusammenbrechende Universum mit.

Ich legte mir mein Rasierzeug zurecht, ich benutzte keinen elektrischen Rasierapparat, ich seifte mich ein, ich versuchte, beim Rasieren zu rauchen, was schwierig ist, und als ich fertig war, fühlte ich mich erleichtert. Als hätte ich eine große Schwierigkeit bewältigt. Wenn Jeanne noch nicht da war um aufzuräumen, stürzte ich ins Wohnzimmer, machte den Schrank auf und trank meine zwei Glas Cognac, die mich wieder flottmachten. Wenn aber Jeanne da war, dann sah sie es und machte mir Vorwürfe. Das war mir peinlich. Es ist doch gut früh aufzustehen.

Ich wußte nicht mehr, wo ich war. Dabei wußte ich es natürlich. Ich hatte das Gefühl dazusein und gleichzeitig nicht dazusein. Mir schien, es rührte sich etwas oder hatte sich gerührt. Eine bizarre Verwandlung, leicht herauszufinden oder unmittelbar zu empfinden, aber mit Worten unmöglich auszudrücken. Es war mein Haus, dasselbe Haus, derselbe Sessel, dasselbe Sofa, derselbe Teppich, und doch war es weder derselbe Teppich noch dasselbe Sofa, noch waren es dieselben Bücher, dieselben Wände. Eine unerklärliche Fremdheit. Oder vielmehr eine Fremdheit, die dartat, daß ich mir die Dinge falsch erklärt hatte. Nein, die Welt war nicht mehr dieselbe. Auch nicht die Verteilung der Gegenstände. Nicht der Himmel, nicht die Individuen. Und noch etwas anderes war es. Wer war ich? Wo war ich? Eine unbeschreibliche Angst, unbeschreiblich, denn die Worte selbst konnten nicht mehr dasselbe besagen. Ich konnte mich von der Stelle bewegen, in die Küche gehen, die Treppe hinabsteigen, meine Zeitung holen, zurückkommen, aber all das fand in einer Welt statt, die nicht mehr dieselbe Welt war.

Wenn früher eine solche Wandlung eintrat, erfüllte mich eine Art Freude. Jetzt war es Angst. Ich fand mich plötzlich mit meinen Wurzeln ausgerissen und anderswohin, in eine ungewohnte Welt verpflanzt. Als ob die Welt gewohnt sein könnte! Als ob die Welt normal sein könnte! Als ob es natürlich wäre, den Herzschlag zu hören und zu atmen! Ich sah einen Gegenstand an, der sich vor mir befand, ein Meter siebzig hoch, ein Meter zwanzig breit, mit zwei Türen, die sich öffnen ließen. Innen hingen Anzüge, meine Anzüge, und da waren Bretter mit Wäsche, meiner Wäsche. Hätte man mich gefragt, was das für ein Gegenstand sei, hätte ich selbstverständlich geantwortet: ein Schrank. Aber es war kein Schrank mehr, ich konnte nicht aufrichtig glauben, daß es ein Schrank sei, und doch war es nichts anderes. Jedem hätte ich antworten können, es sei ein Schrank. Und doch logen die Worte. Nicht nur, daß die Gegenstände nicht mehr dieselben Gegenstände waren, nein, auch die Worte waren nicht mehr dieselben Worte. Die Worte schienen mir falsch. Die Gegenstände hatten, schien mir, ihre Funktion verloren. Ich machte etwas aus diesen Gegenständen, doch schien mir, diese Gegenstände seien nicht zu dem bestimmt, wozu ich sie machte. Sie waren sogar außerhalb jeder Verwendungsmöglichkeit. Es war, als hätte ich kein Recht daran zu rühen. Ich war in eine neue Welt getaucht, mit der ich nichts anfangen konnte. Die zu nichts bestimmt war. War ich in einer parallelen Welt, in einer Negativwelt unserer Welt, all das gehörte nicht zu mir, konnte nicht zu mir gehören. Wohin war ich verpflanzt worden? Die Welt war in Schwingungen geraten. Ein Ganzes hatte ein anderes Ganzes ersetzt. Ich war in einer andern Schöpfung. Wie in einer andern Schöpfung. Ich mußte den Sinn der Dinge und ihre Funktion neu erlernen. Aber die Funktionen ließen das Wesentliche der Dinge nicht erkennen. Und alles um mich herum, das waren andere. Und ich war ein anderer. Würde die Decke nicht herunterbrechen? Ich wies alles von mir. Würde ich selbst nicht fortgewiesen werden? Und wohin? In was? Und was mochte dieses »wohin« oder dieses »in was« sein? Versuchte ich ein Buch zu öffnen und darin Dinge zu finden, die mir einst banal oder alltäglich erschienen waren, dann sprang mir dieses Banale und Alltägliche ins Gesicht und wurde unerklärlich. Ich berührte ein Tischchen und fragte mich, weshalb man es so nenne und was das heißen sollte. Von woher kam ich? Wer war wer? Wenn es nicht die Furcht war, die mich in solchem Zustand erfaßte, dann war es das Unbehagen. Nicht daheim sein. Kein Heim haben . . . sich in seinem Selbst nicht heimisch fühlen. Die Hände bewegen und ansehen. Bewegen versetzte mich zweifellos in den Zustand eines Babys, das seine Händchen ansieht ohne zu wissen, was das ist. Hätte das vor sich gehen können, als sei es eine Entdeckung, wäre ich glücklich gewesen. Früher erfüllte mich Entdeckung mit Freude. Aber die Freude überkam mich nicht mehr. Berührte mich nicht mehr. Freude ist das Gewahrwerden, das plötzliche, man könnte sagen übernatürliche Gewahrwerden der

Tatsache, daß die Welt da ist, daß man in der Welt ist, daß man existiert, daß ich existiere. Augenblicklich schien alles die Nicht-Existenz der Dinge und meine eigene Nicht-Existenz zu beweisen. Ich hatte Angst zu verschwinden. Wenn ich aufmerksam im Zimmer und durch das Fenster herumhörte und – schaute, schien mir, als ob kleine unmerkliche, aber häufige Seismen die Welt sehr zerbrechlich gemacht hätten. Alles zerbröckelte, alles drohte in irgendeinem Nichts zu versinken. Ein Universum, in dem die Realität weniger und weniger standhielt. Sollte etwas hinter dieser Dekoration sein? Sollte da etwas sein, eine andere Dekoration oder überhaupt nichts? Und was war dieses »überhaupt nichts«. Ich fühlte mich schwanken in einer schwankenden Welt. Merkwürdig, wie all dies so gegenwärtig und zugleich abwesend, so hart, so stark und so zerbrechlich sein kann. Hatte es jemals existiert? Eine plötzliche Schwäche, und alles konnte in tausend Stücke zerbrechen. Ich fühlte mich wie einer der leuchtenden Punkte einer Feuerwerksrakete. Ekel vor dem Nichts. Und dann Ekel vor dem Zuviel. Wie konnte das noch halten und für wie lange Zeit, falls es Zeit gab. Vielleicht gab es nur Augenblickliches.

Ich setzte mich in den Sessel. Ich nahm mechanisch die Zeitung zur Hand. Verbrechen, Kriege, Straftaten, Annoncen, Kinoreklamen: nichts. Wie konnte dieses Nichts so schwer wiegen? Und wie konnte diese Schwere gleichzeitig so leicht wiegen? Zu materiell und immateriell zugleich. Diese Welt aus Pappe, diese Theaterdekoration konnte jederzeit eine andere ersetzen. Ich stellte mir diese Welt vor und mich als einen ihrer Schauspieler. Autor vielleicht oder nur eine Rolle. Vorsichtig stand ich auf, setzte den Hut auf, zog mir den Mantel über und stieg zitternd die Stufen hinunter, wanderte leise schwankend über die Straße, hielt mich ab und zu an den Mauern fest in der Furcht, sie könnten mich begraben oder sie könnten verschwinden. Ich kam ins Café. Die Kellnerin sah mich an und meinte, ich müßte krank sein, meine Augen wären wie irr. Mir schien im Gegenteil ihr Gesicht wie irr und sie selbst verstört. Ich sank auf meinen gewohnten Stuhl vor meinem gewohnten Tisch, sah aus dem Fenster und betrachtete eine Weile die verschwommenen Umrisse, die aus dem Nebel aufzutauchen und wieder darin zu vergehen und zu verschwinden schienen.

»Es scheint Ihnen nicht besonders gut zu gehen, Monsieur. Auch heute wieder nicht.«

»Nein, heute auch nicht. Heute noch weniger gut als an andern Tagen. Falls es andere Tage gibt.«

»Es hat andere Tage gegeben. Und es wird andere Tage geben. Man sollte meinen, Sie seien im Nebel.«

»*Sie* sind Nebel.«

Die Kellnerin sah mich an:

»Was ist nur mit Ihnen los? Sie sollten zum Arzt gehen.«

»Sind Sie sicher, daß Sie existieren?«

Die Kellnerin machte große Augen.

»Das will ich meinen. Wollen Sie mir angst machen? Sie existieren auch, das versichere ich Ihnen.«

»Vielleicht ist nichts hinter alledem«, sagte ich und zeigte auf die Fenster, die Mauern, die Straße.

»Was soll dahinter sein? Was meinen Sie? Das ist es und weiter nichts.«

»Nichts als das, meinen Sie? Das wäre nicht genug. Das ist nicht viel. Auf was sollte das gebaut sein?«

Sie sah ein wenig verdutzt aus. Sie mochte mich gern, hielt mich aber immer für ein bißchen verrückt.

»Man fühlt sich nie wohl in seiner Haut. Sie werden mir antworten, ich wüßte nicht, ob ich eine Haut habe und was eine Haut ist.«

Sie drehte sich rasch um und brachte mir meinen Cognac.

»Hier, das wird Ihnen guttun. Das wird Sie wieder auf die Beine bringen.« Ich trank meinen Cognac in einem Zuge aus. Das erwärmte mich ein wenig.

Ich sagte:

»Glauben Sie, all das kann noch lange andauern?«

»Was denn, all das?«

»All das!«

»Das wird nicht von einem Tag zum andern verschwinden, das versichere ich Ihnen. Das dauert noch eine ganze Weile. Wir werden nicht mehr da sein, und das wird immer noch da sein.«

»Und wenn das nicht mehr da ist, was wird dann an seiner Stelle sein? Ob es noch etwas anderes geben wird? Sehen Sie denn nicht, daß alles nach allen Seiten verfällt? Nein, das sehen Sie nicht.«

»Ich fühle mich ganz wohl, wo ich bin. Ich arbeite hart. Je mehr man arbeitet, desto mehr Dinge gibt es. Gäbe es weniger, wäre es vielleicht einfacher.«

»Und wo kommen diese Dinge hin?«

»Sie stellen mir Fragen, die man nicht beantworten kann. Ich habe nie an all das gedacht, und ich werde nicht mehr daran denken. Die Leute scheinen Ihnen angst zu machen. Mir machen SIE angst ... Angst um

Sie. Sie sind mit Ihren Nerven am Ende. Das ist nicht schlimm. Das kommt wieder in Ordnung. Gehen Sie zum Doktor.«

»Meinen Sie nicht, daß auch die Ärzte krank sind? Wir wissen, wir haben nur eine kurze Spanne Zeit, wir müssen alle sterben, und sie, die Ärzte, sagen uns, wir seien verrückt, an den Tod zu denken und uns mit Ängsten zu quälen. Sie, die Ärzte, sollte man einsperren. Ich denke normal. Sie sind die Anormalen.«

»Ich werde Ihnen ein schönes Steak mit Pommes frites bringen, das wird Sie aufpulvern.«

»Gut durchgebraten, bitte.«

Ich sah die andern Gäste des Restaurants kommen und sich hinsetzen; mit unbefangener Miene, so glaubten sie.

»Sehen Sie nicht, sagte ich, alle sind in gläsernen Särgen eingeschlossen.«

Man sah mich an. Die Kellnerin kam zu mir und sagte leise:

»Seien Sie still. Man wird Sie einsperren.«

Es ging tatsächlich ein Gemurmel durch die Gaststube, und Blicke wurden mir zugeworfen.

»Eingesperrt bin ich schon. Wie jeder. Eingesperrt und zugleich zu frei. Das Glas ist unsichtbar.«

Ich ging und fühlte, wie die Blicke mir folgten. Ich schlug die Richtung nach dem ziemlich entfernten Großen Platz ein, den ich noch nicht genauer besichtigt hatte. Das dürften ungefähr zwei Kilometer sein. War er schon lange da, oder hatte man ihn erst kürzlich erfunden? Es wimmelte von Menschen. Wieder eine Schlägerei. Die Polizisten in der Mitte wurden von den beiden gegnerischen Massen erdrückt. Beschimpfungen wechselten mit Schlägen. Keulenschläge auf die Köpfe. Das krachte, explodierte. Gehirne spritzten aus Köpfen und unsichtbaren Glaskästen. Sie packten einander beim Kragen. Ich weiß nicht, wie es kam, daß sie immer drei gegen einen waren. Der Platz war übersät mit hingestreckten Leibern. Wagen mit Polizisten kamen aus allen vier Straßen, die auf den Platz mündeten. Auch sie steckten in undurchsichtigen Glassärgen, ihre Helme auch. Ich stürzte mich mitten in die Menge und schrie:

»Ihr seid ja schon in euren Särgen. Schlagt nicht so schnell zu! Habt ihr es so eilig? Warum habt ihr es denn so eilig? Bald wird es ohnedies niemanden mehr geben.«

Keiner hörte mich oder wollte mich hören. Das wurde allmählich ein seltsamer Brei auf dem Boden und den Gehsteigen des Platzes. Die Köpfe flogen in Stücke wie die Autos und die Lastwagen. Ich schrie:

»Man kann auch geräuschlos und in Ruhe untergehen, die Zersetzung muß nicht so brutal sein. Nun, man wählt, was man wählt.«

Ich mischte mich unter die Menge, ich war mitten unter den Schlägern. Ich bekam keine Schläge. Sie schienen mich nicht zu sehen. Ich war für sie nur ein Gespenst. Auch sie waren Gespenster, aber heftige oder aufgeregte. Ich versuchte, den Arm des einen, den Fußtritt des andern aufzuhalten, die Polizisten waren mit ihren Knüppeln, ihren Helmen, ihren Schilden mitten im Tumult, man konnte nicht wissen, für wen sie waren, am Ende waren sie gegen alle.

Es gelang mir, auf die Stufen des Denkmals zu klettern, das in der Mitte des Platzes stand. Von da aus rief ich:

»Hört mich an, hört einander an, ich bin euer Schiedsrichter. Man kann sich vergleichen, ihr könnt euch vergleichen. Auf andere Weise. Laßt uns diskutieren. Alles läßt sich freundschaftlich regeln.«

Nicht einer der Kämpfenden schloß sich mir an. Um mich herum fielen sie weiter. Ich schrie ihnen zu:

»Alles kann freundschaftlich geregelt werden. Wählt euch Vertreter. Gebt euren Vertretern Instruktionen. Ich sehe, ich verstehe, ihr wollt euch gar nicht versöhnen. Warum habt ihr es so eilig? Warum habt ihr es so eilig?« Ich sprach ins Leere. Ein Gemisch von voll und leer. Ich sprach ins Leere. Oder ins zu Volle. »Auch ich bin ein Mensch wie ihr. Ich spreche die gleiche Sprache.«

Ich sprach nicht die gleiche Sprache. Ich war hinaufgeklettert, umarmte die Statue, und von dieser Höhe schrie ich weiter. Sie hätten mich zumindest sehen müssen, sie hätten mich doch hören müssen. Meine Stimme ist kräftig genug, meine Glieder sind lang genug. Sie hielten mich wohl für eine Vogelscheuche. Sie hielten mich eher für überhaupt nichts. Sie müssen mich wohl nicht gesehen haben. Nur ein Polizist fragte mich:

»Was machst du da?«

Dann kehrte er um und hieb weiter auf die Köpfe ein.

Ich kletterte langsam hinunter mitten unter sie und packte einige am Ärmel:

»Seid ihr verrückt«, sagte ich, »sonst sagt mir, was ihr wollt. Dann bringe ich das in Ordnung.«

Sie schüttelten mich sofort ab. Einer von ihnen, der einzige, sagte:

»Verrückt sind Sie, Sie begreifen nicht, daß wir für unser Recht kämpfen!«

»Für unsere Freiheit«, sagte ein anderer.

Ich fragte, um welche Rechte es sich handle. Ich fragte, welche Art Freiheit sie verlangten. Keiner antwortete mir. Auch sie hieben weiter auf die Köpfe ein.

Alles war voll Glas und voll Blut. Es wurde wilder und wilder. Aus allen vier Straßen kamen immer mehr. Manche kletterten von den Balkons ihrer Häuser herab. Manche ließen sich an den Regenrinnen von ihren Mansarden herabgleiten. Ich rang die Hände als einziger in der Menge:

»Und es ist doch so einfach. Es könnte so einfach sein.«

Ein anderer schrie:

»Wenn es einfach wäre, wäre es nicht so kompliziert.«

Die mit zerschmettertem Kopfe fielen, sahen selig aus. Die den andern die Köpfe zerschmetterten, sahen triumphierend und glücklich aus. Zuweilen wurden nachher auch denen die Köpfe zerschmettert.

Schließlich näherte sich mir ein untersetzter Mann und sagte:

»Sie scheinen nicht zu begreifen, daß hier Bürgerkrieg ist.«

Und er kehrte zu seinem Gemetzel zurück.

Das also war der Bürgerkrieg. Er hörte mich noch rufen:

»Das heißt, ihr wollt töten.«

»Das heißt, wir halten es nicht mehr aus.«

»Es würde genügen, die Institutionen zu ändern. Aber das würde euch nicht genügen.«

Ich rief noch:

»Die Institutionen zu ändern, das genügt euch nicht.

Alle Institutionen und alle Gesellschaften sind schlecht. Lest die Zeitungen. Gibt es denn gute? Gibt es gute Gesellschaften? Der Krieg ist ein Fest, es ist das Fest, das ihr wollt ... Wißt ihr, rief ich weiter, daß in Mexiko die einzigen lustigen Lieder Revolutionsgesänge sind? Revolutionen für die einen, Revolutionen für die andern, alle Arten von Revolutionen. Revolutionen für, Revolutionen gegen, darauf kommt es nicht an. Hauptsache man tötet und läßt sich töten. Ich weiß, das Leben existiert nicht. Ich weiß, nichts existiert wirklich. Ich sehe, daß alles sich rührt und niederknüppelt. Die Nichtexistenz ist blutig. Wir leben nicht. Es ist bizarr. Man tötet und wird getötet, um sich davon zu überzeugen, daß das Leben existiert. Aber es gibt nichts, sagte ich, es gibt nichts, es gibt nichts, schrie ich aus aller Kraft. Ich blickte mich um und merkte, daß niemand da war. Ein großer menschenleerer Platz. Ein großer Platz in einer großen Stadt, die jedoch wie eine Provinzstadt aussah. Hatte ich die Schläger und die Schlägereien gesehen. Hatte ich die Polizeiwagen gesehen? Hatte ich Blut auf dem Boden gesehen? Hatte ich Kriegsgesänge und festliche Lieder gehört? Wo waren die Ungeheuer? Und ihre Lustigkeit?

Ein Greis näherte sich mir und sagte:

»Was Sie zu sehen glaubten, hat sich vor fast zweihundert Jahren zugetragen. Dieser Platz heißt sehr wohl ›Platz der Revolution‹. Der künftigen, einer nächsten, einer wahrscheinlichen. Gehen Sie nach Hause. Alles endet immer auf dieselbe Weise. Heute haben wir andere Institutionen, gegen die wir kämpfen werden. Nicht heute. Vielleicht morgen. Vielleicht taten wir es gestern. Ich habe einen Vorfahren, der gekämpft hat und dem der Schädel eingeschlagen wurde, ein anderer Vorfahre hat ebenfalls hier an dieser Stelle gekämpft. Dieser ist erst sehr viel später gestorben. Bei sich zu Hause. Es heißt, seine Frau hätte ihn vergiftet. Aber das war weder für irgendwelche Institutionen, noch aus politischen Gründen.«

Er nahm mich am Ellenbogen und führte mich bis ans andere Ende des Platzes bis zur Straße, die zu meinem Restaurant führte.

Verwirrt durch die Geräusche, die ich gehört hatte, erschreckt von den Haufen Glasscherben und Leichen, selbst erschüttert von den Schlägen, die andere getroffen hatten, öffnete ich die Tür meines Restaurants. Es war niemand mehr da außer der Kellnerin.

»Wo sind die Gäste in ihrem gläsernen Sarge geblieben? Sind sie während der Revolution gestorben?«

Sie sah mich besorgt an.

»Sie haben gespeist, sie sind gegangen, sie haben sich gestritten, vielleicht haben sie sich gegenseitig irgendwo getötet, vielleicht kommen sie heute abend alle wieder, trinken ihren Apéritif, unterhalten sich und essen. Ich habe keinen Lärm gehört.«

»Und doch gibt es das und nur das. Schauen Sie, meine Hände sind ganz blutig, und ich habe niemanden ermordet.«

»Das sind nur Farbflecke. Wahrscheinlich haben Sie eine frischgestrichene Wand angefaßt. Geben Sie mir Ihre Hände, ich reibe sie Ihnen mit einem feuchten Lappen ab.«

Sie sah mich unendlich mitleidig an. Sie sagte:

»Sie sind ganz erschüttert. Sie sind übernervös.«

»Sie sind erschüttert, weil Sie nicht erschüttert sind.

Sie wissen nicht, was um Sie herum vorgeht. Ich selbst, ich weiß nur ein klein wenig, ein ganz klein wenig.«

»Sie sind zu allein, Monsieur.«

»Ich bin von lauter Leuten umgeben, ich bin von der Menge umgeben. Von der Menge und vom Nichts.«

Während sie meine Hände abtrocknete, wiederholte sie:

»Sie sind ganz allein, Sie sind wirklich zu allein. Sie brauchen eine Frau. Wenn Sie mich haben wollen...«

Sie küßte mich. Ich hätte die Initiative ergreifen müssen, dachte ich. Aber es war so angenehm. Und es schien mir so wahr, so wirklich.

Sie zog zu mir. Das Bett war groß genug. Sie hatte Platz. Es war sehr angenehm, morgens im Sonnenlicht ihre nackten Brüste zu sehen. Manchmal machte sie mir angst. Es kam vor, daß ich nicht schlafen konnte, und eines Nachts schnarchte sie leise im Schlaf, mit zurückgeschlagenem Hemd über den geöffneten Schenkeln. Das weibliche Geschlechtsteil ist mir immer wie eine Wunde im Unterleib zwischen den Schenkeln vorgekommen. So etwas wie ein Abgrund oder eher wie eine offene Wunde, eine riesige, unheilbare tiefe Wunde. Das hat bei mir immer Mitleid und Angst ausgelöst: ein Abgrund, ja, das war's. Sanft deckte ich sie zu. Sie wachte nicht einmal auf. Ich irrte im Zimmer, in der Wohnung herum wie ein Schlafwandler. Ich, der ich das Rauchen aufgegeben hatte, rauchte Zigarette nach Zigarette bis zu dem Moment, wo ich mich der Müdigkeit nicht mehr erwehren konnte und mich neben ihr ausstreckte, so entfernt wie möglich von ihrer Wunde, die ich zu vergessen versuchte, ganz am Rande meiner Betthälfte. Schließlich schlief ich, auf der rechten Seite liegend, ein.

Obwohl sie im Restaurant hart zu arbeiten hatte, besorgte sie auch meinen Haushalt, die Putzfrau hatte ich entlassen. Die Nachbarn fühlten sich behaglicher, seitdem sie eine Frau bei mir wußten. Beim Vorübergehen lächelten sie verständnisvoll, glücklicher und beruhigter. Ich schien ihnen normaler, weniger unheimlich. Diese Frau mit ihrem gesunden Lächeln gefiel mir, obwohl ihre Züge von einer gewissen Mattigkeit zeugten. Morgens sang sie in der Badewanne. Ich sang nie. Ich pfiff nicht einmal. Ich litt grauenhaft und anscheinend ungerechtfertigt. Und zu denken, daß mir Gesundheit und normales Verhalten ungerechtfertigt schienen.

Wenn ich morgens vor ihr aufwachte, fühlte ich eine so starke Freude, wie ich sie lange nicht empfunden hatte. Eine sehr ferne Erinnerung, halb hell, halb dunkel, halb farbig, stieg in mir auf. Es war etwas zeitlich sehr entferntes und unendlich nahes zugleich, etwas sehr seltsames und sehr vertrautes, sehr wahr und nicht wahr, es mußte ... lange, lange her sein ... Und dann geschah etwas ... ich konnte mich nicht erinnern, irgend etwas war geschehen. Und vor diesem halb-hellen, halb-dunklen Bild etwas wie ein Wirbel. Manchmal fragte ich mich, ob wir, sie und ich, nicht das Fundament einer neuen Welt bildeten. Einer wiederhergestellten Welt. Einer Welt ohne Loch noch Riß. Einer sicheren Welt, die Gott gelungen wäre. Gelehrte Freunde haben mir gesagt, in der Kabbala hieße es, Gott hätte siebenundzwanzig Mal versucht, das Universum zu schaffen. Anscheinend ist dieses das achtundzwanzigste Mal und diese Schöpfung die wenigst schlechte. Wie müssen erst die früheren ausgesehen haben? Und wann wird ihm eine gute gelingen? Ich habe den Eindruck, er habe schon verzichtet und ließe uns in den Abgrund des Nichts fallen. Als wären wir nur eine schwankende Insel und es sei gar nicht sicher, ob sie einmal dem endgültigen Universum einverleibt werden würde. Was man nicht alles hört! Morgens, bei Sonnenaufgang, wenn sie noch schlief, zogen Leichenbegängnisse mit Blumen und Kränzen mit verschiedenen Inschriften vor meinen Fenstern vorüber. Große Herren in schwarz mit Zylinderhüten und große Damen in großer Trauer, schwarze Schleier vor dem Gesicht. Einmal weckte ich sie auf:

»Komm doch und sieh«, rief ich, »was am Fenster vorbeizieht.«

Schläfrig stand sie auf, sah hinaus, legte sich gleich wieder hin und sagte, ich träumte im Wachen. Es kam auch vor, daß sich wochenlang trotz meiner Erwartung nichts ereignete.

Sie zog sich an, wusch sich schnell und ging fort, an ihre Arbeit. Ich mußte unwillkürlich ihre aufgesprungenen Hände ansehen. Ich, ich ließ mir Zeit, trank meinen Milchkaffee, den sie mir, bevor sie ging, hingestellt hatte, goß etwas Cognac oder Rum hinein und zog mich langsam an. Um die Zeit des Apéritifs sah ich sie im Restaurant wieder, mitten in der Arbeit, als wäre sie eine Fremde. Dann kam das Mittagessen. Dann der fruchtlose Versuch, einen Weg zu machen, um die Freunde zu besuchen, wie sie mir riet. Ich wollte, ich konnte nicht, ich ging wieder nach Hause, um auf die Stunde des abendlichen Apéritifs, auf das Abendessen und auf die Rückkehr zu zweit zu warten. Manchmal überschüttete sie mich mit guten Ratschlägen, aber seltener und seltener; meistens sprachen wir nicht mehr. Wir gingen Arm in Arm die Straße entlang, stiegen die Treppe hinauf und betraten die Wohnung. Ich las flüchtig die Zeitung und wartete, vom starken Begehren nach ihr erfüllt, bis sie sich auszog. Fieberhaft legte ich mich zu ihr. Die Liebe war wie der Sturz in einen Abgrund, eine Form der Verzweiflung, eine Art freiwilligen Todes. Danach schliefen wir beide rasch ein. Ich, um sehr bald wieder zu erwachen, in der Wohnung herumzuwandern, die Zigarette in der Hand. Angst überkam mich: Wie lange würde sie dieses Leben aushalten, fragte ich mich oft, wie lange? Sie war eine gesunde Frau, sie würde meine Neurasthenie, wie die Ärzte es nannten, nicht lange ertragen können.

Von Zeit zu Zeit dachte ich daran ihr vorzuschlagen, ihre Arbeit aufzugeben. Dann unterließ ich es. Sie verlangte nichts, aber ich hatte genug, um sie zu unterhalten. Doch ich war nicht sicher, ob sie und ich, ob wir eine neue Eva und ein neuer Adam wären. Und was für eine Aufgabe! Ich wäre mir vorgekommen wie Atlas. Und das Jahrhunderte und Jahrhunderte lang. Der Gedanke, einen Kain zu zeugen, versetzte mich in Panik. Was für eine blöde Idee, sagte ich mir in schlechten Augenblicken, alles von vorn anfangen zu wollen, gerade in dem Moment, wo es aufs Ende zugeht, und wo es so einfach ist, Schluß zu machen. Aber da war auch das Bedauern, daß so vieles hätte sein können, und man hat es nicht gelebt. So viele Taten, so viele Abenteuer, so viele Liebesgeschichten, so viele Dinge sind uns entglitten, weil wir nicht aufmerksam genug sind, weil wir nicht zu leben verstehen und weil wir uns nicht von der Fülle des Augenblicks durchdringen lassen. Aber all das war nur Literatur. Erinnerungen, die aus meinen erbaulichen Schulbüchern stammten.

Die Gegenwart der Kellnerin war mir im Moment unendlich nützlich. Ihre aufgesprungenen Hände taten mir leid, aber wenn sie sie ein bißchen pflegen würde, wären sie sehr schön. Sie war ganz hübsch, ziemlich klein. Sie hatte lange Wimpern, schöne Augen, ihr Gesicht war ein bißchen derb. Sie immer bei mir zu haben, ein ganzes Leben lang bis ans Ende, sie gebeugt und ich mühsam, auf einen Stock gestützt gehend, diese Vision schreckte mich. Ich brauchte nur aus dem Fenster zu sehen, hunderte von Greise gingen über die Straße, mit krummen Rücken und mit ihrem Stock. Gingen sie zu einer Versammlung irgendwohin? Ich erinnerte mich an ein Meeting von Greisen. Hustend behaupteten sie, das Leben sei schön und machten ihre Rechte auf höhere Renten und auf Wiedereingliederung in die Welt der Arbeitenden geltend. Ich war älter als sie.

Der Gedanke, wie ich der Kellnerin ein besseres Leben verschaffen könnte, war in allen meinen Überlegungen gegenwärtig. Was tun? Da es ja augenblicklich gut ging oder vielmehr eher gut als schlecht. Morgen würden wir sehen. Sie oder ich, wir würden vielleicht bald sterben. Sie vielmehr. Der Gedanke, ein Verkehrsunfall könnte mir passieren, versetzte mich in Angst, ich zögerte lange, die Straße zu überqueren.

Als sie erwacht war, sagte ich mit breitem Lächeln und im Gefühl, sehr edelmütig zu sein: »Ich wollte dir schon längst sagen, ich habe Geld genug, du mußt nicht mehr zur Arbeit gehen. Ich habe Geld genug, weißt du.«

Sie antwortete, daß sie diesen Vorschlag schon lange erwartet hätte, eigentlich schon seit wir zusammen wohnten. Jetzt zögerte sie, wie auch ich gezögert hatte. Ihr schien es schwierig, mit einem Neurastheniker zu leben. Es war nicht leicht, sich um mich zu kümmern, mich immerzu zu trösten, das war nicht leicht. Sie zog es vor zu arbeiten und keine Verpflichtungen zu haben, und außerdem wußte sie nicht, ob sie lange mit mir zusammenbleiben würde. Jemand hatte ihr eine andere Arbeit versprochen, und überdies gefiel ihr dieser Jemand nicht schlecht.

»Du willst mich verlassen? Bald?«

Ich fühlte eine ungeheure bittere Reue. Ich hatte das Glück neben mir gehabt und hatte es, wieder einmal, verfehlt. Das Schicksal will mir helfen, und die Vorsehung schickt mir ihre Engel, ich stoße sie von mir oder bemerke sie nicht. In den Gärten, auf den Straßen mußte eine Fülle lebendiger Brunnen sein, die ich nicht sah. Als ich ausging, streckte ich die Arme aus, um zufällig einen zu erwischen. Es war trocken draußen, kein Regentropfen. Passanten beschimpften mich. Trotzdem wanderte ich so weiter in der verzweifelten Suche nach dem Leben und in dem verzweifelten Gedanken, demnächst verlassen zu werden. Mit einem Neurastheniker leben ist härter als hart zu arbeiten. Ich hörte immer noch diese Worte, die sie mir gesagt hatte. Als ich ins Restaurant kam, war sie da wie immer und servierte und deckte ab, als wäre nichts vorgefallen. Mir war, als lebte ich das Leben doppelt: einerseits Fortdauer des ewigen Einerlei, andererseits diese Umwälzung; ein großes Loch war entstanden. Nach dem Essen erwartete ich sie wie gewöhnlich, wir gingen wie gewöhnlich nach Hause, sie sagte nichts. Ihr

Gesicht war ein anderes, es war wie das einer Statue, die ein Geheimnis verbirgt. Von einem Gast erfuhr ich, daß sie die Wirtschaft verlassen würde. Wir sagten einander auch diesen Abend nichts. Ich lauerte auf ein Wort, einen Blick.

Erst am nächsten Morgen, beim Frühstück, teilte sie mir ihren Entschluß mit. Ich hatte eine sehr schlechte Nacht hinter mir, die Hälfte schlaflos, die andere voll wirrer Alpträume. Ich war schon in der richtigen Stimmung, als ich die Neuigkeit erfuhr. Ich hatte geträumt, die Welt flüchte unter meinen Füßen in aller Eile, und ich müsse atemlos laufen, um sie einzuholen. Ich stand auf einem Steg über dem Abgrund. Ich wollte fortfliegen und fiel zwischen Brombeeren und Tiere.

»Das tut mir sehr weh«, konnte ich schließlich herausbringen.

»Und mir tut es weh, dir weh zu tun. Du hast überhaupt nicht gesprochen. Du warst in Gedanken vertieft, und ich wußte nicht einmal, welches deine Gedanken waren, ich meine Gedanken wie unsere sind, du bist nicht verrückt, machst aber den Eindruck eines Verrückten.«

»Weil ich recht habe ... Weil ich sehe und weiß. Wie soll ich es dir erklären? Du bist nie erstaunt, im Restaurant oder auf der Straße zu sein oder mir gegenüber zu sitzen? Du findest nichts von alledem seltsam? Nichts von alledem?«, sagte ich mit erhobenen Armen.

»Du siehst, wir sind nicht von derselben Art. Wir sehen die Dinge nicht in gleicher Weise.«

Ich saß tief in meinem Sessel, wie gelähmt. Ich sah ihren Vorbereitungen zu. Ein Koffer, zwei Koffer. Ich hörte, wie sie die Schranktür im Hinterzimmer zuwarf, dann zurückkam, dann packte sie noch Sachen in den Koffer, mit gleichgültiger Miene, schien mir. Ich half ihr, die Koffer zuzumachen. Schließlich sagte sie: »Mein Entschluß ist mir schwer gefallen. Aber du bist zu. . . zu sehr, wie du bist. Ich hatte geglaubt, im Beisammensein mit mir würde sich deine Krankheit geben.«

»Welche Krankheit?«

Sie zeigte mit dem Finger auf ihren Kopf.

»Nun, du verstehst. Dabei habe ich dich gern, ich habe dich immer noch gern. Aber ich konnte dein Schweigen, deinen Gesichtsausdruck, deine Augen, die aussehen wie von einem erschreckten Affen, nicht ertragen. Und dann, alles hat ein Ende.«

Ich brachte die Koffer hinunter. Ich rief ein Taxi. Ich fragte noch:

»Und wer wird im Restaurant bedienen?«

»Meine neue Kollegin. Ich habe ihr von dir erzählt. Du wirst sehen, sie ist sehr nett. Ich habe ihr deinen Tisch gezeigt.«

Ich dachte, ich würde nie mehr in dieses Restaurant gehen können, ich müßte mir ein anderes suchen oder sogar umziehen, aber das wäre zu schwierig. Sie küßte mich mit spitzen Lippen und ging.

Merkwürdig. Als wäre ein Teil der Welt plötzlich im Abgrund versunken. Was ist aus all den früheren Leben, aus den alten Kathedralen, aus den Volksmengen geworden? Alles ist dahin. Es sollte vielleicht irgendwo zu finden sein, wir wissen nichts davon, wir sind unwissend.

Ich befand mich an der Grenze der Welt. Vor mir

die Untiefe des Nicht-Erschaffenen. Die ganze Schöpfung war hinter mir. Das Universum lag hinter meinem Rücken und stieß mich mit seinem ganzen Gewicht dem Abgrund zu. O dieser Schwindel! Ich hätte zurückweichen wollen. Zu große Angst mich zu bewegen. Ein Schritt vorwärts, ein Sturz, und ich wäre vom Nichts geschnappt, verschlungen, aufgelöst worden. Ich schloß die Augen, mein Schwindel, mein Ekel wurde nur noch stärker. Der Kosmos wankte. War diese Welt zu schwer oder zu flüchtig? Von einem Augenblick zum andern konnte sie verschwinden. Oder auch mich durch ihre Schwere erdrücken. Zwischen dem Vollen und dem Leeren brach ich zusammen.

Man half mir aufzustehen. Die Straße war noch immer da, mit denselben Passanten, denselben Häusern. Ich fühlte den starken Arm eines jungen Mannes. Er existierte, ich existierte.

»Alles ist an derselben Stelle«, sagte ich, »erstaunlich, Monsieur, alles an derselben Stelle. Danke für Ihre Hilfe.«

»Seit immer und für immer, Nichts ist zu befürchten.«

»Gerade das Nichts ist zu befürchten.«

Und doch war der Boden fest. Seine Sicherheit hatte mich angesteckt. Es ging mir besser. Meine zögernden Schritte wurden fester. Ein paar Augenblicke lang etwas wie Freude. Vielleicht war nichts verloren, vielleicht würde nichts verloren gehen. Vielleicht würde die fortschreitende Zeit in der Ewigkeit aufgehen. Ich berührte die Mauern und machte ein paar Schritte, um ihre harte, kompakte Realität zu spüren. Vielleicht identifiziert sich das, was existiert, mit dem, was ist.

Vielleicht ist all das, diese ganze Welt, eine unauflösliche Realität oder die Verkleidung des realen Absoluten. Ein einfacher Vorhang, der es verhüllt. Diese Milliarden von Bildern, gleichzeitigen oder aufeinander folgenden Stimmen, all da stützt sich vielleicht auf unbewegliche Fundamente. Das kann sein. Mir fehlte wahrscheinlich etwas Wesentliches. Ich war nicht wie die andern. War ich irgendwie gebrechlich, war mein Geist krank? Die andern gingen ruhig hinter mir, vor mir, neben mir her, vielleicht wußten sie intuitiv, was ich nicht wußte? Ich war als einziger von Panik ergriffen, von permanenter Panik, Tag für Tag, Stunde für Stunde, Minute für Minute, ein Alpdruck, aber ich werde erwachen und die Realität dessen herausfinden, was sich hinter dem, was sich bewegt, nicht bewegt.

Personen wanderten, streiften mich, sahen mich im Vorbeigehen an, waren es Schatten mit Augen? Erschreckende oder beruhigende Blicke. Vorübergehende, die vorübergingen, vorübergingen.

Ich kam ins Restaurant. Ich setzte mich an meinen Tisch. Aber nein, trotz alledem, alles ist beruhigend. Die neue Kellnerin lächelte, als sie mir zu trinken brachte.

Plötzlich überwältigte mich der Gedanke, daß die andere fort war, daß ich wieder allein blieb. Als das Taxi, das sie wegführte, losfuhr, war ich ein bißchen verwirrt, halb betäubt. Jetzt erst wurde mir ihr Fortsein ganz bewußt. Hatte sie existiert, während der Zeit ihres Hierseins? Sind solche Augenblicke greifbar? Sind solche Bilder, all diese Erinnerungen wahr? Ich war nur dessen einigermaßen sicher, was ich berühren konnte. Was ich erlebt hatte, war es Wirklichkeit oder Einbildung? Es existiert nicht mehr. Es hat vielleicht nicht existiert. Wie soll ich dahinter kommen, ob die

Erinnerungen nicht Träume, Phantasmen sind? Rauch all das, Dämpfe, nicht einmal Rauch, wäre es wenigstens Rauch. Die Zeit wird diese Bilder im Vergessen vernichten. Das existierte nicht mehr, das existierte nicht. Es war nichts. Es gab nichts.

»Sie war Ihre Freundin, nicht wahr«, fragte die neue Kellnerin.

»Gewiß. Sie wird uns schreiben, seien Sie unbesorgt.«

Bevor das Hors-d'oeuvre kam, hatte ich meinen ganzen Wein ausgetrunken. Ich bestellte mehr. Wie gewöhnlich betrachtete ich durchs Fenster den Straßenverkehr. Nichts von alledem wird mehr sein. Wie ist es möglich, daß nicht mehr sein wird, was existiert? Wo also ist es gewesen? Wo also ist, was war, hingekommen? Wo ist es gewesen? In welchen Abgrund ist es gestürzt? Es müßte sich doch wiederfinden lassen. Nicht einmal Staub. Ja, was war, falls es war, kann nicht verlöschen. Und daß es nicht war, was heißt das? Mit der fortschreitenden Zeit habe ich es hinter mir gelassen. Wenn ich mich umdrehen würde, um von der Höhe der jeweiligen Etappe der Zukunft aus den durchlaufenen Weg zu betrachten, dann sähe ich nur Nebel. Vielleicht, wenn ich kehrtmachen würde und den Weg in entgegengesetzter Richtung wieder gehen würde, könnte ich von neuem berühren und fühlen, was war. Leider ist es, als sei sie nie gewesen, diese Vergangenheit, Bilder, die zerfallen. Wer kann beweisen, daß es war? Die Vergangenheit ist ein Tod ohne Leiche. Es war einmal . . es war einmal.

Jetzt würde ich allein sein. Ich fühlte das Gewicht meines Unglücks. Ich trank viel. Ich bezahlte, stand auf, grüßte die neue Kellnerin, ging nach rechts und um die Ecke bis in meine Straße. Ich gelangte zu meinem Hauseingang, ich sagte der Concierge guten Tag. Sie hatte natürlich gesehen, daß die andere fortgegangen war. Die Concierge lächelte mir nicht zu. Sicher dachte sie, ich sei schuld, daß sie gegangen war. Ich wäre eben anormal. Vielleicht wollte sie mehr wissen, ich hätte mit ihr reden können. Ich hätte es ihr erklären sollen. Ich entschloß mich, die Treppe hinaufzusteigen. Ich zögerte lange vor meiner Tür, mit dem Schlüssel in der Hand. Die Flurnachbarin ging mit ihrem Hund aus. Ich entschloß mich und öffnete. Sie hatte eine Socke vergessen. Sie lag da im dunklen Korridor. Eine Spur. Sie war dagewesen. Sie hatte hier gewohnt. Das einzig greifbare Überbleibsel. Wie kommt es, daß die Gegenwart Vergangenheit wird? Was ist die Zeit? Der Lieferant des Nichts. Alles sollte gegenwärtig und unverrückbar sein, wie es entstand. Ich nahm die Socke in die Hand. Sie war ein Zeuge. Ich zog meinen Mantel aus, nahm den Hut ab, hing beides an den Garderobenständer im dunklen Korridor, ging ins große Zimmer und sank in den Sessel am Fenster. Meine Wohnung war eine Wüste, so weit wie die Welt. Sie war zweifellos eines andern wegen fortgegangen, sie würde diesen andern treffen. Ich fühlte etwas unangenehmes, etwas wie Eifersucht. Merkwürdig. Hing ich wirklich an ihr? Ja, bestimmt. Ich hatte also Bindungen im Universum. Das machte mir beinahe Spaß.

Nach einer langen Ruhepause begannen wieder die Feindseligkeiten. Im Augenblick hatte die Schlacht auf dem Platz, ziemlich weit von meiner Straße, stattgefunden. Immerhin waren Einwohner des Viertels wahrscheinlich beteiligt. Nicht viele, zwei oder drei vielleicht. Einen sah ich mit verbundenem Kopf in der Dämmerung. Einen andern sah ich eines Tages um ein Uhr, als ich im Restaurant Mittag aß, mit umgehängtem Karabiner. Die meisten Gäste bemerkten ihn kaum und aßen weiter. Ein paar andere umringten ihn an der Theke. Er bestellte einen Pastis. Die andern auch. Er kam aus dem Kampf. Er sprach laut. Man sah ihn an und hörte ihm respektvoll zu. Er gab die Gründe für sein Engagement an, und die Gründe schienen mir berechtigt. Auch ich bin mit der Welt nicht einverstanden. Er sprach von der Gesellschaft. Mit vielen Gesten. Er war aufgeregt und erregte sich noch mehr, je länger er erzählte. Die andern, fünf Männer und eine Frau, nickten zustimmend. Die Frau, die mager war, nervös und schwarzhaarig, sagte, man müsse ein Ende machen. »Ein Glück, daß es noch Männer gibt«, rief sie mit einem Blick auf die Leute an den Tischen, die so aussahen, als hörten sie nicht oder so taten. In der kleinen Gruppe um sie herum waren zwei Arbeiter im Overall. Zwei andere waren wohl kleine Angestellte mittleren Alters. Einer von ihnen hatte mit den Revolutionären in einem Lande gekämpft, das Sardinien gewesen sein dürfte. Der letzte, ein kleiner Alter mit weißem Bärtchen, war in seiner Jugend Anarchist gewesen. Er sagte, man dürfe sich nichts gefallen lassen. »Zu meiner Zeit«, fügte er hinzu, »zu meiner Zeit...« »Ja«, bestätigte der Mann mit dem Karabiner, »jetzt oder nie.« »Man wird es ihnen zeigen.« »Es muß anders werden«, sagte einer der beiden Arbeiter und trank seinen Pastis aus. Der Wirt lud zu einer Runde ein, und die andern nahmen an.

»Das konnte nicht so weitergehen«, rief der Kämpfer aus.

Auch ich dachte, daß es nicht so weitergehen könnte.

»Mit Burschen wie ihr ...« sagte einer der beiden Angestellten.

»Man muß bis ans Ende gehen«, sagte der Anarchist. »Ach, wenn ich so jung wäre wie ihr!«

»Ein Land von Nichtstuern ...« fuhr der Kämpfer fort.

»Man hat genug von ihnen«, sagte die Frau.

»Das kann man wohl sagen«, meinten alle im Chor ... »Sie verdienen nur Verachtung ...«

»Verachtung ist nicht genug«, sagte der eine.

»Schluß mit ihnen«, sagte der andere.

»Ausgestoßen müssen sie werden«, sagte der Kämpfer, »das wird für alle besser sein.«

»Das ist nur gerecht.«

»Wir werden gerecht sein«, sagte der Kämpfer noch. »Gerechtigkeit ist hart, sie werden es merken.«

»Alle, die sich in Ausschweifung und Ungerechtigkeit gefallen ...«

»Das sind Ahnungslose.«

»So ahnungslos auch wieder nicht.«

Der Kämpfer wandte sich unsern Tischen zu. Mir war, als hätte er es ganz besonders auf mich abgesehen. Er machte den Mund auf. Ich wußte nicht mehr, wo ich hin sollte. Dann hörte man ihn sagen: »So was macht hungrig, mein Magen knurrt.«

Der Alte mit dem weißen Bärtchen lud ihn ein, mit ihm und den fünf andern um ihn herum, im Restaurant zu essen. Der Kämpfer drehte sich zu seiner Gruppe um und lehnte ab:

»Ich hätte mit Vergnügen ...«, sagte er, »aber meine Frau wartet mit dem Essen. Ich möchte nicht, daß sie sich beunruhigt. Und außerdem möchte ich mich ein bißchen ausruhen. Um drei Uhr muß ich wieder auf die Barrikaden.«

Er hob die Hand zum Gruß und rief: »Nieder mit den Bullen!« »Nieder mit den Bullen!«, antwortete man, dann ging der Kämpfer ab, und die kleine Gruppe folgte ihm mit den Blicken.

Ich sah ihn durchs Fenster mit wilden Gesten die Straße hinab gehen. Die Gruppe zerstreute sich, die einen setzten sich an einen Tisch des Restaurants, die andern gingen weg.

Ich fühlte mich unbehaglich. Ich muß etwas tun, sagte ich mir ohne viel Überzeugung. – »Einen Cognac«, bestellte ich bei der Kellnerin.

Sie werden doch nicht etwa mein Haus anzünden. Ich lebte weiter wie bisher. Ich hatte eine stumme Putzfrau engagiert. Sie brauchte täglich zwei Stunden, um das Bett zu machen, zu fegen, mein Trinkglas zu spülen, die Wohnung zu lüften und die Fenster zu schließen. Sie wusch auch die Vorhänge.

Nein, sie werden das Haus nicht in Brand setzen. Die Schlacht war noch ziemlich entfernt. Die Passanten auf der Straße sahen nicht beunruhigt aus. Die Dame mit ihrem Hündchen ging noch immer zur gleichen Zeit aus. Die beiden Rentner, die das Häuschen mit dem Garten gegenüber bewohnten, machten ihren täglichen Spaziergang, einer stützte den andern. Der große hinkende Weißrusse ging nach Hause, in einer Hand den Stock, in der andern das Brot. Und da war auch der Herr, der vom Markt kam, weil seine Frau anscheinend nicht mehr einkaufen konnte, weil sie gelähmt war. Das hatte mir die Concierge gesagt, die jetzt liebenswürdiger zu mir war. Sie hatte sich an mich gewöhnt, weil man sich an alles gewöhnt. Indessen hörte man von weitem Geschützfeuer, oh, nicht sehr laut, man mußte gut hinhören. Später dachte ich nicht mehr daran. Aber abends schien es lauter zu werden. Ich stand spät auf. Ich richtete es so ein, daß ich ausgegangen war, wenn die Putzfrau kam. Mittagszeit. Ab und zu dachte ich an die frühere Kellnerin, wie hieß sie doch gleich? Yvonne oder Marie? Ihre Nachfolgerin war nett zu mir. Nicht mehr. Das Bedauern, die Erinnerung an die andere quälte mich zuweilen. Seltener und seltener. In mir war nichtsdestoweniger eine Lücke. Es gab andere Lücken. Sollte ich die Initiative ergreifen und der neuen Kellnerin sagen, wie gern ich es sähe, wenn sie Yvonne oder Marie ersetzen wollte?

Durch die Avenue, wo sich das Restaurant befand, gingen zwei, drei Männer mit Karabinern. Man sah sie sich unter die Leute mischen, ohne Aufsehen. Wahrscheinlich gingen sie zu dem Platz, wo die Schlacht stattfand. Sie sahen aus wie eine andere Art von Spaziergängern. In meiner Straße, die wie immer ruhig und provinziell war, sah man sie nicht. Immerhin schien der Lärm sich zu nähern. Die Einwohner gingen zur gewohnten Zeit aus, der alte Herr, der Weißrusse, die Dame mit dem Hündchen, sie alle neigten den Kopf leicht seitwärts und lauschten. Ich sah es vom Fenster aus. Sie sahen ein bißchen beunruhigt oder erstaunt aus, oder schien es mir nur so. Jedenfalls sah ich von meinem Fenster im dritten Stock jenseits der mit ihren Häuschen umrandeten Allee, rote Blitze, die zweifellos vom Großen Platz her kamen.

Im Restaurant, beim Mittag- und Abendessen saßen die Leute wie immer mit der Nase über ihre Teller gebeugt. Der Kämpfer war nicht da. Er mußte wohl zu beschäftigt sein. Vielleicht war er verwundet oder getötet oder im Gefängnis, vielleicht hatte er es aufgegeben, vielleicht war er verreist, vielleicht hatte er sich gesagt, das führe zu nichts, das könne unsere Existenz nicht erklären. So dachte ich selbst. Nichts konnte das Mysterium klären. Die Leute, die in ständiger Bewegung sind und die andern in Bewegung halten, finden darin eine Ausflucht, ein Vergessen, das ich für meine Person im Alkohol fand.

Eines Tages, als ich gegen zwölf Uhr im Begriff war, ins Restaurant zu gehen, sah ich durchs Fenster einen blutverschmierten Mann laufen, verfolgt von drei Polizisten. Alle verschwanden um die Ecke. Diesmal öffneten sich die Fenster nebenan und gegenüber. Köpfe erschienen. Ich ging die Treppe hinunter. Am Ende des Korridors, an der Haustür stand die Concierge und unterhielt sich mit der Concierge von nebenan, einer weißhaarigen verschrumpelten Frau, die ich noch nie gesehen, von der ich aber gehört hatte. Normalerweise verließ sie nie ihre Loge. Sie hatte gehört, wie die Polizisten bei ihrer Verfolgung »Haltet ihn!« schrien. Die beiden Rentner, der Mann der gelähmten Frau, der große Weißrusse mit seinem Brot standen um die beiden Weiber herum. So etwas hatten sie in unserer Straße, die immer von anständigen Leuten besucht wurde, noch nie gesehen. »Das ist ein Dieb«, rief der Rentner. »Oder ein Revolutionär«, sagte der Weißrusse. »Ach Sie, Sie sehen immer und überall

Revolutionen! Hier ist es nicht so wie bei Ihnen, wir sind in Frankreich.« »Auch bei Ihnen hat es Revolutionen gegeben«, antwortete der Weißrusse. »Ja, 89«, sagte der Rentner, »das ist lange her. Bei uns hat man verstanden, das kommt nicht wieder.«

Der Herr mit dem Einkaufskorb meinte, daß etwas ziemlich Bedenkliches vorginge. »Was sagen Sie zu diesen blutroten Blitzen und zu dem Geprassel, das man hört?« Tatsächlich waren die Geräusche stärker geworden, so daß jeder sie hörte. »Das läßt uns nicht einmal schlafen«, sagte die Frau des Rentners. Der Herr mit den Besorgungen fügte hinzu: »Das sind Gewehrschüsse«, sagte er, »ich weiß es, ich bin Jäger.«

Ich mischte mich in die Unterhaltung:

»Und diese blutroten Blitze, was ist das?«

Die beiden Concierges hatten keine Blitze gesehen.

»Weil Sie im Erdgeschoß sind«, fuhr ich fort, »und weil das Fenster Ihrer Loge zum Hof hinaus geht.«

»All das scheint mir sehr verdächtig«, sagte die andere Concierge.

»Und ob«, beteuerte meine.

»Beruhigen Sie sich, es wird nichts passieren«, entgegnete die Dame mit dem Hündchen, »mein Mann hat es mir gesagt.«

Die kleine Gruppe ging auseinander. Ich wollte Mittag essen. Als ich um die Ecke bog, sah ich auf dem Trottoir vor dem Restaurant vier Männer mit Karabinern rasch einen hinter dem andern marschieren und sich nach allen Seiten umblicken, sie gingen nach rechts in Richtung auf den Großen Platz. Sie sahen so aus, als seien sie bereit, sich zu verteidigen. Gegen wen?, sagte ich mir. Zwei Polizisten waren da. Sie rührten sich nicht. Als sähen sie sie nicht. Übrigens war es nicht ihre Aufgabe, sie zu verhaften. Es waren Verkehrsschutzleute. Ich öffnete die Tür zum Lokal, ich trat ein. Ich ging zu meinem Tisch in der Ecke am Fenster. Ich sah mich um. Man machte Bemerkungen.

»Ist etwas besonderes los?« fragte ich die Kellnerin, als sie mir die Karaffe Wein brachte.

»Ich weiß nicht, ich glaube nicht, in der Zeitung steht nichts.«

»Und die roten Blitze drüben vom Großen Platz?«

Die Leute in der friedlichen Straße, wo nie etwas passierte, wo nie etwas passieren sollte, waren alle ein bißchen aufgeregt. Die meisten Bewohner waren alt. Sie hatte nur einen Wunsch: ihren Tod in Ruhe zu erwarten. Ich, ich lebte in ständiger Katastrophenstimmung, was auch immer draußen vorging. Oder vielmehr, was draußen vorging, ging in mir vor. Das Außen spiegelte das Innen wider. Oder umgekehrt. Aber erst jetzt wurde es mir klar.

Mein Unbehagen kam mir zu Bewußtsein. Es ist wahr, sagte ich mir, daß ich mich seit meiner Geburt in meiner Haut nicht wohl fühlte. Warum? Was stimmte da nicht? So viele Leute lebten. Noch bis kürzlich schienen sie recht zufrieden oder in ihr Los ergeben. Jedenfalls kannten sie keine Probleme. Sie hatten keine Angst vor dem Tode, oder sie dachten vielmehr nicht daran, daß sie eines Tages sterben müßten. Ich hatte die ganze Zeit mit dieser Zwangsvorstellung gelebt. Seit meine Freundin mich verlassen hatte, wurde ich, wenn ich nachts erwachte, von Todesangst gepackt: kalter Schweiß, Panik, im Morgengrauen würde ich sterben. Sie war nicht mehr da, um mir zu sagen:

»Komm, leg dich hin«, und ich erinnerte mich, daß ich nur ihre Stimme zu hören oder sie zu berühren, oder daß sie mir nur die Hand zu geben brauchte, und meine Ängste waren verflogen. Vielleicht waren alle andern von denselben Ängsten geschüttelt. Aber in der Aktivität fanden sie ein Heilmittel. Sie liebten das Leben nicht, da sie rebellierten. Ein Glück, daß die Gesellschaft schlecht war. Was werden sie anfangen, wenn es eines Tages eine gute Gesellschaftsform gibt? Dann können sie nicht mehr dagegen aufbegehren, und der Gegenstand ihrer Angst wird nackt und bloß, in all seinem Schrecken erscheinen. In mir wohnte die Angst, und keinerlei Gesellschaft konnte sie beseitigen. Übrigens sind alle Gesellschaften schlecht, hat es seit ewigen Zeiten je eine gelungene gegeben? Man tötet einander in Kriegen und Revolutionen. Man läßt sich töten. Man tötet die andern. Oder vielleicht versucht man, den Tod zu töten. Plötzlich überkam mich eine unendliche Traurigkeit, ein ungeheures Elend. Das hatte ich seit jeher ertragen, ohne mir klar darüber zu werden. Das »Wozu« hatte jede Freude erstickt. Ein nicht sehr bewußtes »Wozu«. Jetzt war es mir bewußt.

Ich dachte an all das, während ich in meiner Wohnung von Zimmer zu Zimmer, vom Schlafzimmer in den Gang, vom Gang ins Wohnzimmer bis ans Fenster wanderte, von wo aus man immer deutlicher, immer auffälliger den blutroten Schein von dem Großen Platz her bemerkte. Ich gewöhnte mich an dies Aufleuchten, es interessierte oder amüsierte mich nicht mehr. Die Landschaft in meinem Innern bedrückte mich. Meine ganze Vergangenheit entrollte sich vor meinen Augen, eine trostlose Landschaft, eine Wüste ohne Oase. Eine frostige Wüste. Von einem Horizont zum andern diese Ränder des Deckels, nichts, keine Blume, teils trockene Erde, teils Staub, teils Morast. War es meine Schuld? War es einzig und allein meine Schuld? Ich hatte alles falsch angepackt. Welche Bitterkeit, welcher Schmerz, welche Vergeudung! Freude hätte es geben können, hätte es Freude geben können? Blendendes Licht hätte sein können statt dieser schmutzigen grauen Farbe, dieses trübseligen Schimmers. Hätte Licht sein können? Hätte Liebe sein können? Es hätte sein können. Wieviele verpaßte Gelegenheiten! Die Frauen haben mich verlassen, weil ich unfähig war zu lieben. Meine letzte Chance war Yvonne oder Marie. Aber in mir war Liebe. In den Kellern und Kerkern, in den Verliesen meiner Seele. Versperrt. Die Türen waren verriegelt, und ich hatte keinen Schlüssel. Leider, leider war all das sehr weit und sehr tief vergraben. O ja, welche Vergeudung. Ich fühlte grenzenloses Bedauern. Man mußte ein Ende machen. Ich hatte schlecht begonnen. Ich hatte überhaupt nicht begonnen. Gewiß, ich hatte jeden Beginn verpaßt. Was nun? Warten, warten in Ängsten. Auf was? . . . Ach, wenn es doch wieder anfangen könnte! Doch damit es wieder anfange, müßte es zuerst enden. War noch etwas zu erhoffen? Hatte ich noch etwas zu erhoffen? Alles war verloren. War noch nicht alles verloren? Ich dachte, alles wäre verloren.

Und doch waren viele um mich herum, die wanderten, sich rührten, sie waren durchsichtig, sie aßen, sie schliefen, sie sagten einander nichts, sie sprachen, um nichts zu sagen.

Am nächsten oder übernächsten Morgen war ich ein wenig später als gewöhnlich aufgewacht. Es klingelte an der Tür, das mußte die Putzfrau, die Stumme sein. Ich unterbrach meine Toilette und ging öffnen. Sie schien erschreckt. Sie stieß unartikulierte Laute hervor. Ich hatte mich an sie gewöhnt und angefangen, sie zu verstehen. Schreckenslaute waren es, die sie ausstieß. Mit der Hand zeigte sie auf das Wohnzimmerfenster. Ich ging hin und öffnete es. Auf dem Trottoir lag ein Mann, er schwamm in seinem Blut. Er lag im Sterben. Die Nachbarn standen im Kreis um ihn herum. Ich schloß das Fenster und eilte, das Gesicht noch voll Rasierseife, die Treppe hinunter.

Ich näherte mich dem Mann und schob das alte Rentnerehepaar, das den Kopf schüttelte, zur Seite.

»Hat man so was schon gesehen«, sagte der Rentner.

»Was man nicht alles erlebt!« sagte die Concierge. »Das sind Zeiten!«

»Aber das ist doch der Sohn der Witwe an der Ecke, der Dame, die letztes Jahr ihren Mann verloren hat!«

Tatsächlich warf sich die Mutter, von der alten Concierge hergeführt, schluchzend über ihren Sohn.

»Ich hatte ihn so gebeten, sich ruhig zu verhalten. Ich hatte ihn so gebeten.«

»Die Jungen von heute«, sagte der Herr mit der Einkaufstasche, »wissen nicht, was Gefahr ist.«

»Mein armer Kleiner«, sagte die Mutter, »mein armer Kleiner.«

Der Verwundete war bewußtlos. Er war jung, zwanzig, fünfundzwanzig Jahre alt, ganz zart, klein, mit dunklem, etwas krausem Haar. Sein Körper zuckte krampfhaft.

»Nein, so was«, sagten die Leute, »das ist ja schrecklich.«

Die Mutter weinte und jammerte weiter: »Was haben sie nur mit ihm gemacht? Er war so sanft, er war so freundlich.«

Die Zuckungen hörten auf, als der Polizeiwagen ankam. Vier Polizisten stiegen ab und schoben die Leute brutal beiseite. Mich traf ein Stoß mit dem Ellenbogen.

»Weitergehen«, befahlen sie, »weitergehen!«

»Sie sind doch keine Verkehrsschutzleute«, rief der Weißrusse.

»Schweigen Sie, und machen Sie, daß Sie fortkommen«, sagte der zweite Polizist und stieß ihn weg. »Das ist nicht Ihre Sache, Sie werden mich nicht mein Handwerk lehren.«

Die Polizisten erweiterten den Kreis.

»Was macht denn die da?« schrie der dritte Polizist und zeigte auf die Mutter, die sich an die Leiche ihres Sohnes klammerte, denn der Junge war inzwischen gut und gern tot. Der vierte Polizist packte die Mutter, die sich sträubte, während der erste Polizist etwas in ein Notizbuch schrieb. Die Frau weinte ununterbrochen und rief:

»Mein Kind, mein kleiner Raymond.«

»Vorwärts, vorwärts, das macht ihn auch nicht wieder lebendig. Sie sehen doch, er atmet nicht mehr.«

Der Tote war in Hemdsärmeln und Blue Jeans. Sein Hemd war blau mit viel rotem Blut. Er trug Pantoffeln. Einer der Polizisten durchsuchte seine Taschen und fand ein feststehendes Messer.

Zwei Polizisten ergriffen die Leiche, ungeachtet des Gejammers der Mutter, die sich immer noch an ihren Sohn klammerte; sie stießen sie zurück, um sich freie Bahn zu schaffen. Sie warfen die Leiche in den Wagen.

Zwei andere hoben die Mutter auf, die auf dem Pflaster ausgeglitten war und über dem Blut ihres Sohnes weinte. Ihre Hände waren voll Blut, als sie sie aufhoben und ebenfalls in den Wagen warfen.

»Vorwärts, hopp, Sie werden aussagen müssen.«

Der Wagen mit den Polizisten, der Mutter und dem Toten fuhr los.

Eine Blutlache verbreitete sich über das Pflaster. Die Leute betrachteten den Fleck wie hypnotisiert. Das Hündchen der Dame schnüffelte an dem Blut und leckte daran. Die Dame zog es an der Leine weiter. Ich wischte mir mit der Hand die Seife vom Gesicht. Die Leute zerstreuten sich gestikulierend.

»Erinnern Sie sich? Das ist derselbe, der letzte Woche mit blutigem Gesicht vorbeilief.«

»Nein, das ist ein anderer, sein Feind.«

Halb rasiert, ohne Krawatte, ging ich ins Restaurant.

»So ist das Leben, man stirbt«, hörte ich noch hinter mir sagen.

»Früher oder später!«

Ich hatte furchtbaren Durst. Lust auf Alkohol. Ich bog um die Ecke und trat ein.

Etwas war verändert. Ich fragte mich, ob es auch dasselbe Restaurant war. Ja, es war dasselbe. Eine große Anzahl von Personen saß an den Tischen, ihre Karabiner an die Stühle gelehnt. Pistolenkolben sahen aus den Taschen hervor. Es waren dieselben Gäste und andere neue dazu. Fast alle waren bewaffnet, sowohl die Stammgäste, als auch die andern.

»Teufel, man muß sich wehren«, sagte die Kellnerin, als sie mein erschrockenes Gesicht sah.

»Wein«, verlangte ich, »Wein.«

Ich besah mir die Leute, die da waren und aßen. Es fiel mir schwer, die Gäste, die ich jeden Tag sah, wiederzuerkennen. Sie hatten nicht mehr dasselbe Gesicht. Etwas Grundlegendes war anders geworden. Sie waren sie selbst, ohne mehr sie selbst zu sein. Ein unbekannter Ausdruck erschien, eine andere Persönlichkeit.

Alle um mich herum sprachen, ohne auf mich zu achten. Brocken ihrer Unterhaltung, Worte schlugen an mein Ohr:

»Klassenkampf«, »der Schlächter vom Roten Platz«, »Das Messer zwischen den Zähnen«, »die Reichen«, »die Armen«, »das Proletariat«, »primitiver Antirevolutionarismus«, »Diktatur ja, aber in Freiheit«, »aus freiem Willen«, »die singenden Morgen«, »die blutigen Sonnenaufgänge«, »das wird eine neue Bartholomäusnacht«, »das wird mit Blut und in Blut bezahlt werden«, »gebt es zu, daß sie es so gewollt haben mit ihrer Korruption«, »diese dreckigen Bourgeois«, »die Arbeiter sind arm, weil sie trinken, sie sind alle Alkoholiker«, »und die Droge erst«, »Kollektivismus«, »Individualismus«, »Totalitarismus«, »Konsumgesellschaft«, »Blutsauger des Volkes«, »alles Bestochene, die ganze Regierung«! Ein großer magerer Mann stand plötzlich wütend auf, hieb mit der Faust auf den Tisch, daß die Bestecke flogen, und schrie mit schrecklicher Stimme: »Und die Brüderlichkeit! Die Brüderlichkeit nicht zu vergessen!« Stille trat ein. Die Leute sahen furchtsam aus. Sie hatten ein paar Sekunden lang zu essen aufgehört. Der Mann setzte sich wieder. Dann ging die Diskussion weiter. »Das Maß ist gestrichen voll«, »Drei Viertel der Menschen leben im Elend, wenn man das leben nennen kann, sie sterben vor Hunger«, »Wir sind die Privilegierten«.

»Wir sind keine Privilegierten im Vergleich zu unsern Privilegierten.«

»Keine Privilegien mehr!« »Nieder mit den Privilegien!« »Etwas muß sich ändern!« »Die Menschen bleiben immer dieselben.« »Revolutionen gehen vorüber.« »Evolution oder Revolution?«

»Alles hat ein Ende. Alles hat einen Anfang.«

»Es ist die Quadratur des Kreises.«

»Nur die Jugend hat genügend Enthusiasmus, um...«

»Die Jungen sind klarsichtiger als wir.«

»Die Alten haben mehr Erfahrung.«

»Die Jungen sind Arschlöcher.«

»Die Alten sind Arschlöcher.«

»Es gibt junge und alte Arschlöcher.«

»Wer ein Arschloch ist, bleibt es sein Leben lang.«

»Wir lassen es uns nicht länger gefallen.«

»Revolution zum Vergnügen.«

»Man kann nicht mehr, sehen Sie: Metro, Schuften, Kinder, Schlafen...«

»Ein Fest, sehen Sie, man könnte in Freuden leben.«

Ich war frappiert von dem hohen Niveau der Konversation. Von den interessanten Überlegungen all dieser Personen, die mir bis zum heutigen Tage geschlafen zu haben schienen. Etwas rührte sich in mir: das Bedürfnis, mich zu rühren. Vielleicht konnte man die Grenzen wenigstens erweitern, verrücken ... An jenem Tage war es so voll, daß die Kellnerin überbeschäftigt war, so daß der Wirt ihr beim Servieren helfen mußte, um die Gäste zu bedienen. Das Geschäft ging gut, sie sahen beide in diesem Trubel zufrieden aus. Manchen Gästen ging es nicht schnell genug. Ein sehr dicker riesiger Mann fuhr die Kellnerin an, weil sie, wie er sagte, nicht schnell genug bediente. Er sagte, sie hätten es eilig, weil sie in einer halben Stunde dem Zuge folgen und sehen müßten, was auf dem Großen Platz passierte. Die Kellnerin antwortete kurz und bündig, sie täte ihr Bestes, und sie könnten ja gehen. Der Kerl antwortete ihr: »Sie sind Geschäftsleute, das heißt Ausbeuter!«

»Ausbeutung des Menschen durch den Menschen«, hörte ich.

Ein Gemurmel unterdrückten Zornes ging durch die Gaststube.

»Ich bin Arbeiterin«, sagte die Kellnerin, »ich verdiene mein Brot im Schweiße meines Angesichts, während Sie nichts tun als reden. Worte, nichts als Worte.«

»Hure«, warf der Dicke ihr an den Kopf.

Das konnte ich nicht durchgehen lassen. Alles was an Heroismus in mir war, erwachte. Ich stand auf: »Schämen Sie sich, Monsieur!« »Dreckiger Kleinbürger«, entgegnete der Kerl rot vor Wut, »komm nur her, dann wirst du sehen.« Das tat ich unvorsichtigerweise. Ein Faustschlag traf mich im Gesicht und schleuderte mich auf meinen Stuhl zurück. Die Kellnerin war außer sich und versetzte dem Kerl zwei fürchterliche Ohrfeigen, so daß er sich setzte und seinen Kiefer berührte. Dann kam sie zu mir und tupfte mir mit einer Serviette das Blut von der Nase.

»So was ist nichts für Sie«, sagte sie freundlich.

Der Zwischenfall wurde kaum bemerkt. Aber die Nervosität wuchs im Restaurant. Während ich einen guten Marc trank, den die Kellnerin mir brachte und mir das Taschentuch unter die Nase hielt, war auf der

Straße Geschützfeuer zu hören, und auf einen Schlag, wie auf Befehl nahmen die Gäste ihre Karabiner und standen auf: »Die Rechnung, die Rechnung!« riefen Kellnerin und Wirt verzweifelt. Ein paar Leute warfen ihnen Geldscheine an den Kopf: »Da habt ihr euer dreckiges Geld!« Andere gingen achselzuckend, ohne zu bezahlen. Noch andere zuckten nicht einmal die Achseln. Sie stießen und drängten sich hinaus. »Aux armes, citoyens« schrien die Leute, »On les aura, on les aura, les boches!«

Sie stürzten auf die Straße, nach rechts, dem großen Platz zu. Sie trafen auf eine große, mit Karabinern und Schlagstöcken bewaffnete Menge. Die Straße war voll schreiender, fluchender, singender Leute. Ich ging auch hinaus. Ich drückte mich an die Mauer, um sie vorbeizulassen. Schüsse fielen. Die Straße leerte sich. Man hörte noch von weitem Verwünschungen und Gesänge. Auf dem Fahrdamm lagen zwei Polizisten und eine alte Frau.

Ich sah aus meinem Wohnzimmerfenster. Die Straße war ungewöhnlich belebt. Die Leute diskutierten in Gruppen und marschierten von einem Ende zum andern. Es waren neue Gesichter darunter. Junge Menschen, Vierziger, bärtige Fünfziger. Mit Karabinern. Manche hatten Pistolen. Sie schossen in die Luft. Sie kamen aus Höfen heraus, aus Gärtchen, sie winkten ihren Familien, ihren Verwandten zum Abschied. Wo hatten sie bis zu diesem Tage gesteckt? Ich hatte sie nie gesehen. Sie hatten vielleicht in kleinen Mansarden gewohnt, oder vielleicht waren sie Nachtarbeiter ... Oft wurden sie begleitet. Ihre Frauen, Mütter, Freundinnen hielten Taschentücher in der Hand und unterdrückten die Tränen. Ich öffnete das Fenster. Die Alten, Würdigeren ermutigten sie energisch. Ich hörte Worte, die ein leichter Wind mir zutrug, denn es war schön, der Himmel war klar und gleichgültig. »Auch ich war im Krieg«, sagte ein ganz verschrumpelter Alter, »1914«. Ein anderer, nicht so alt: »Der Widerstand.« »Auch ich war auf den Barrikaden, 27 oder 37 oder 47 oder 35.« Ich wußte gar nicht, daß es in den letzten fünfzig Jahren so viele Barrikaden gegeben hatte. Das war nicht immer in Frankreich gewesen. Vielleicht in Brasilien, vielleicht in Spanien, vielleicht im Kongo, vielleicht in Palästina, vielleicht in Odessa, vielleicht in China, vielleicht in Irland. Das müssen Franzosen gewesen sein, die freiwillig Revolutionen mitgemacht hatten, oder ausländische Revolutionäre, die als Flüchtlinge nach Frankreich gekommen waren. Das dürfte in allen Ländern dasselbe sein. Es hatte sicherlich Resultate gegeben. Vielleicht auch zu meinem Nutzen, ohne daß ich es wußte. Es hatte sicherlich auch Mißerfolge gegeben, deshalb mußte immer wieder von vorn angefangen werden, immer wieder...

Einer der Demonstranten hob den Kopf und bemerkte mich.

»Komm mit, du, du da oben!«

»Ich sehe euch zu und wundere mich.«

»Nichtstuer«, rief ein anderer mir zu.

Ich machte das Fenster zu und räkelte mich in meinem Sessel. Vielleicht, sagte ich mir ohne Überzeugung, vielleicht müßte ich mitgehen. Ich müßte es machen wie alle andern. Leider oder glücklicherweise meine

Schlaffheit ... Wozu, sagte ich mir, da wir die Sonne nicht versetzen, den Tod nicht verschieben können ... Ich glaube, sie töten sich gegenseitig, eben weil sie den Tod nicht abwehren können. Also stürzen sich die einen auf die andern, wehren die einen die andern ab. Das werkelte grimmig. Das werkte und werkelte, weil keiner das Unerklärliche erklären konnte. Krieg, Revolution, Frieden, Ärger, Vergnügen, Krankheit, Gesundheit, Liebe, Weiber, plärrende Kinder. Und dieser lange Weg. Dieser lange Weg! Das Wort Liebe, das mir in den Sinn gekommen war, erfüllte mich plötzlich mit namenloser Sehnsucht. Ich begriff, das wäre eine Hilfe gewesen, das hätte die Erklärung ersetzen können. Verrückt sein vor Liebe. In der Tat war das so unwahrscheinlich, alles war so unwahrscheinlich, daß es verlocken konnte. Ich träumte von einer Reise auf einem schönen Schiff, Meer ... Himmel ... Oder die Wüste. Oder auch davon, verlassene Städte zu entdecken. Es mußte irgendwo in unserer Welt noch Orte ohne Menschen geben. Die Vorstellung vom grenzenlosen Meer, von einer stillen Wüste erregte in mir etwas wie Freude, etwas wie Hoffnung. Die Wüste, das Blau des Meeres lieben, die Weiße der Schiffe lieben, das schien mir möglich. Die Menschen lieben, das schien mir schwieriger. Sie nicht zu verabscheuen, einverstanden. Aber sie lieben, diese Geschöpfe, die sich rühren, die reden, die sich regen, die Lärm machen, die fordern, die begehren, die krepieren? Das war eher komisch. Worauf kann das Begehren hinauslaufen? Worauf kann der Haß hinauslaufen, das Töten oder ganz einfach die Unterhaltung? Wir tappen im Unerklärlichen herum. Warten. Vertrauen. Das Herz überströmend vor Liebe. Das gab es, Herzen überströmend vor Liebe. Das gab es, Herzen. Nein, ich hatte keine Angst. Nicht die Angst hinderte, mäßigte meinen Schwung. Und selbst wenn ich Angst hätte. Angst ist menschlich. »Das ist menschlich, das ist menschlich«, und ich lachte schallend auf. Das Wort »menschlich« brachte mich zum Lachen. Angst oder keine Angst haben, dafür gibt es kein Kriterium. Die einen haben Angst, die andern haben keine Angst. Alles in allem ist das eher komisch. Ich war erregt wegen meines Nicht-Erregtseins. Erregt sein ist eine Art zu sein wie andere auch, aber Erregte meiner Art regen sich nicht. Ich hätte nicht leiden sollen. Und doch litt ich. Ich war vom Leid erregt. Das mußte ich zugeben. In mir war ein Ungestüm, aber ein Ungestüm, das mich merkwürdigerweise lähmte ... Gegenströmungen und widersprüchliche Strömungen. Wieder einmal bedauerte ich, keine philosophischen Studien gemacht zu haben. Vielleicht hätte ich etwas erfahren, hätte ich etwas gewußt.

Es klopfte. Es war die Concierge. Sie kam, um mir zu sagen, daß die Stumme, meine Putzfrau, getötet worden war, man wußte nicht genau, ob von einem Rebellen oder einem Polizisten. Man hatte ihr befohlen stehen zu bleiben, sie war der Aufforderung nicht gefolgt.

Die Concierge erbot sich, meine Besorgungen zu machen, einzukaufen, aufzuräumen.

»Jemand muß Ihnen helfen, Monsieur, und Ihnen Tee kaufen, Zucker, Biskuits, getrocknetes Fleisch, Konfitüre, Kaffee, Kartoffeln. Sie haben Platz genug in der Wohnung und im Keller. Wer weiß, wann man wieder ausgehen kann.«

Wirklich, die Schüsse wurden häufiger. Aber für

Augenblicke trat Ruhe ein. Sie kannte einen Krämer, vorn war der Laden geschlossen, aber hintenherum konnte man hinein. Selbstverständlich war es etwas teurer.

Ich sagte ihr, daß ich natürlich einverstanden wäre. Aber nicht mehr ins Restaurant zu gehen war mir sehr unangenehm, es würde mir fehlen. Meine Einbildungskraft hatte versagt. Wieso hatte ich nichts vorausgesehen? Warum war ich nicht bei den ersten Anzeichen mit meinem Geld fortgegangen, es wird bestimmt entwertet nach all den Wirren und Veränderungen, die noch drohen, ich hätte einen Luxuszug nehmen können oder ein schneeweißes Flugzeug, das den Himmel durchfurcht, oder einfach ein Auto mit Chauffeur. In diesem Augenblick könnte ich ruhig durch eine sonnenglänzende Stadt spazieren, an rosafarbenen Häusern entlangschlendern, schiefe Türme besteigen, in fremden Länder Museen, vollgestopft mit Kunstwerken, besuchen. Aber so ganz allein würde ich mich langweilen. Ich hätte das Yvonne oder Marie vorschlagen sollen; vielleicht hatte sie so etwas erwartet. Reisen, Reisen ... Ach, schließlich war ich besser hier, inmitten der Aufregung, es gab genug zu sehen.

Ich hielt es nicht mehr aus. Ich machte mir eine Ruhepause zunutze und ging aus. »Beeilen Sie sich«, rief mir die Concierge zu, »sie haben aufgehört, um zu Mittag zu essen, aber es wird gleich wieder anfangen, sie schießen jetzt auch in unserer Straße auf alles, was sich rührt. Gehen Sie nicht über die Straße, bleiben Sie in Ihrem kleinen Restaurant und kommen Sie schnell wieder.«

Ich ging, ich beeilte mich ein bißchen, bog um die

Ecke in die Avenue, betrat das Restaurant, das glücklicherweise offen war.

»Kommen Sie schnell«, rief mir die Kellnerin zu. »Morgen haben wir vielleicht noch auf, übermorgen ist es zweifelhaft.«

Ich setzte mich auf meinen gewohnten Platz. Die Fensterscheiben hatten Löcher und große Sprünge.

»Ja«, sagte sie, »die drinnen saßen, haben auf die draußen geschossen und die von draußen auf unsere Gäste. Es gibt heute Ochsenmaulsalat.«

»Ihr geht weg?«

»Der Chef wollte sich nicht an die Spitze der Revolution stellen, er ist über das Alter hinaus. Und dann ist er nicht sicher, daß man siegt. Das nehmen sie ihm übel.«

»Wenn es richtige Revolutionäre wären«, sagte der Wirt, der dazukam, »hätte ich vielleicht mitgemacht. In Wirklichkeit sind es Reaktionäre.«

»Und die andern? Die Gegner?«

»Das sind auch Reaktionäre. Zwei Banden von Reaktionären. Die einen werden von den Lappen bezahlt, die andern von den Türken.«

Bewaffnete Truppen marschierten an unsern Fenstern vorbei. Manche zeigten uns von der Straße aus die geballte Faust. Andere schnitten Fratzen. Noch andere klopften an die Scheiben und drohten, sie zu zertrümmern. Die Kellnerin nahm mein Gedeck und trug es in die Mitte des Raumes.

»Sehen Sie sich doch mal diese Türkenfressen an«, sagte der Wirt.

»Seien Sie kein Rassist«, sagte ich.

Dann schwieg ich und unterdrückte, was ich sagen wollte.

»Ich, ich bin Rassistin«, sagte die Kellnerin, »denn ich liebe alle Rassen.«

»Rassen gibt es nicht«, sagte der Wirt.

»Na dann liebe ich niemanden«, antwortete die Kellnerin, »mit Ausnahme der Gelben.«

»Die Gelben sind alle Verräter«, sagte der Wirt. »Als ich noch in der Fabrik arbeitete, waren sie die Streikbrecher. Jedenfalls will ich mit dieser Vorstadtrevolution nichts zu tun haben. Wir ziehen in die Stadtmitte, da ist es ruhig.«

Jemand trat ein. Er hatte eine Melone auf, trug Gamaschen und hatte einen Schnurrbart.

»Ich kam durch die Lager der Aufständischen bis in Ihr Viertel. Ich wollte sehen, ob man meine Fabrik nicht niedergebrannt hat. In der Tat ist in der Stadtmitte, einen Kilometer jenseits des Großen Platzes, alles ruhig. Zonen der Ruhe. Die Straßen sind ruhig. Dort ist viel weniger Verkehr. Die Leute bleiben zu Hause. Sie sitzen vor ihrem Fernseher und schauen sich die Revolution an. Und dann, jenseits der Stadtmitte, in den westlichen Vororten haben die Bäume Blätter bekommen. Danach beginnen die Landstraßen, weit, weit, weit ... Und dann kommt das offene Land. Blühende Apfelbäume. Und dann der schöne Fluß, der in das Meer mündet. Und dann Strand, große Strände. Und dann kommt der Ozean. Augenblicklich ist er ruhig, so ruhig wie ein Bergsee.«

»Dann sind da die Inseln. Laub. Ewiger Frühling. Nackte Frauen. Wir sind in einem Gefängnis, zugegeben, doch das Gefängnis ist groß und schön mit Parkanlagen und Gärten. Die Wächter in den Gärten sind gutmütig. Sie lächeln uns an und haben keine Schlagstöcke. Und auf den Inseln sind überhaupt keine

Wächter, jedenfalls sieht man keine, sie sind im Dikkicht versteckt, sie schlafen.«

Mit einem Male erschien mir das Weltall in seiner Weite und Vielfalt. Auf der Erde gab es Wege, es gab Gebirge, es gab Wiesen, es gab Quellen, einen lächelnden Himmel, brüderliche Menschen. Es gab Länder, wo man die Fremden liebt und aufnimmt. Man gibt ihnen zu essen und zu trinken, sie wohnen in Häusern ohne Dächer, denn es regnet dort nie. Die Sterne sind so niedrig, daß man sie mit Händen zu greifen glaubt. Früchte.

Ich hatte Geld bei einer Bank in der Stadtmitte. Ich faßte den Entschluß, alles zu versuchen, um hinzugelangen. Man lieh mir einen Helm. Ich wollte einen Karabiner. Es gab im Handel kugelsichere Westen, im Kurzwarengeschäft, das von einem Waffenhändler übernommen worden war. Aber nur für Kämpfer. Ich ging in Richtung auf den Großen Platz mit der Absicht, ihn zu überqueren, um jenseits in die Stadtmitte und zu den friedlichen Gegenden zu gelangen. Die Avenue war durch eine Barrikade versperrt. Ich winkte mit einem weißen Tuch. Es wurde von einer Kugel durchlöchert. Ich lief ans andere Ende der Straße. Dort waren vorher große Fabriken gewesen und die großen Schornsteine, die niedergerissen worden waren, bildeten unüberschreitbare Mauern mitten auf der Chaussée. Man konnte sie nicht rechts, nicht links umgehen. Rechts waren die verschanzten Lager der Rebellen mit Wachen, die auf jeden schossen, der sich nähern wollte, oder die einfach zum Vergnügen feuerten. Links die Feldlager der Polizei, die jeden verhaftete. Ich war gezwungen, kehrtzumachen, mitten im wilden Gedränge. Ich schlängelte mich bis zur Tür meines Restaurants durch, das gerade geschlossen wurde. Ich bemerkte, wie die Kellnerin sich bückte, um unter dem zu zwei Dritteln heruntergelassenen eisernen Rolladen durchzukriechen.

»Sagen Sie Yvonne, sie soll auf mich warten«, rief ich ihr zu.

»Die sehe ich nicht mehr«, antwortete sie. »Seit über einem Jahr habe ich sie nicht mehr gesehen.«

»War sie verheiratet? Hat sie Kinder?«

»Vier«, war das letzte Wort der Kellnerin, bevor sie verschwand. Wie lange war es her, daß Yvonne mich verlassen hatte? Monate, Jahre. Die Zeit vergeht schnell. Ich hatte schon verschiedene Leute diese Feststellung machen hören. Und nicht zum ersten Male fühlte ich, wie wahr das ist. Die Zeit geht vorüber, die Zeit ist vorübergegangen, und hier bin ich, am Rande des Abgrunds.

Ich bog um die Ecke, um nach Hause zu gelangen. Ich kam schwer durch. Genau an diesem Ende der Straße errichtete man eine Barrikade. Ich beeilte mich durchzukommen und sagte, daß ich hier wohnte.

»Sie wohnen hier in der Straße«, wurde mir gesagt, »und kennen nicht einmal die Parole? Ich lasse Sie trotzdem passieren.«

Ich ging weiter und sah, daß am andern Ende auch eine Barrikade errichtet wurde.

Mein Haus befand sich in der Mitte der Straße. An meiner Haustür angelangt konnte ich die Fahne auf der Barrikade am andern Ende erkennen. Es war die gleiche wie die der ersten Barrikade. Eine grüne Fahne mit einem Halbmond und einer Getreidegarbe.

»Aber«, rief ich aus, »das ist doch die gleiche Fahne.«

Der Alte aus dem gegenüberliegenden Häuschen näherte sich mir:

»Sagen Sie das denen einmal. Sie gehören derselben Partei an und töten sich gegenseitig.«

»Die haben doch Feldstecher. Sie müssen sich klar darüber sein. Wahrscheinlich sind es zwei Führer derselben Gruppe.«

Kaum hatte ich diese Worte ausgesprochen, als von beiden Seiten Schüsse krachten. Wir waren zwischen zwei Feuern gefangen. Mein Hut wurde von einer Kugel durchlöchert. Der Alte brach zusammen mit dem Ruf: »Es lebe ...«; ein Strom von Blut hinderte mich zu erfahren, wen er leben lassen wollte. Jetzt kam die Frau des Alten aus dem Haus gegenüber. Als sie ihren Mann auf dem Boden liegen sah, stieß sie – selbstverständlich – einen fürchterlichen Schrei aus. Sie zeigte mir die geballte Faust: »Das alles haben wir nur Ihnen zu verdanken«, sagte sie, »Sie dreckiger Bourgeois!«
Die Feuerstöße wurden doppelt so intensiv. Ich ging schnell ins Haus, ohne mich länger um die Alte und ihren Alten zu kümmern. Im Hausflur warf ich wütend meinen Hut auf den Boden: »Nie mehr setze ich einen Hut auf«, schrie ich.

»Kommen Sie schnell herein, Monsieur«, sagte die Concierge, »gehen Sie hinauf in Ihre Wohnung. Ich habe Vorräte angeschafft. Für Monate ist alles da, was Sie brauchen.«

»Haben Sie auch nicht vergessen...«

»Gar nichts habe ich vergessen. Ich habe an das gedacht, woran Sie denken. Sie haben genug für Monate, für Jahre. Da Sie gern allein sind, werden Sie oben glücklich sein. Hauptsache, die Elektrizität wird nicht abgestellt und die Wasserspülung funktioniert.«

Ich stieg hinauf zum dritten Stock und öffnete meine Wohnungstür. Tatsächlich war alles da, was man braucht. Alles. Lauter Flaschen überall in der Wohnung, Weine aus Bordeaux, Burgund, Savoyen, aus dem Elsaß und der Touraine, und Mineralwasser in Mengen den ganzen Korridor, den ganzen Korridor entlang. Alles voll. Ganze Säcke mit Nahrungsmitteln. Ratten und Mäuse steigen sicher nicht bis in den dritten Stock. Übrigens hatte ich die Absicht, gegen Ratten und Mäuse Barrikaden an Fenstern und Türen zu errichten. An den Rohren. Und ich hatte Gift für die Nager. Und sogar eine Pistole. Ich konnte mich kaum den Fenstern nähern. Zum Glück übrigens, denn verirrte Kugeln zerbrachen die Scheiben. Von einer Fensterecke aus betrachtete ich trotzdem die Straße. Die Männer kletterten von den Barrikaden herunter und liefen Sturm gegeneinander. Schüsse, Getöse, Wutgeschrei, Schreie der Verwundeten, Röcheln, Ambulanzen. Das nahm kein Ende. Die Straße war mit Toten übersät. Das ging so seit drei oder vier Tagen ununterbrochen. Immer neue Verstärkungen ersetzten auf den Barrikaden die Toten vom Abend und vom Morgen. Und das jammerte, und das brüllte, und das sang, und das höhnte. Die Leute aus der Straße, die nicht am Kampf teilnahmen, schienen sich großartig zu amüsieren. Sie standen trotz der Gefahr an weit offenen Fenstern. Ab und zu starb einer. Durch verirrte Kugeln. Nicht immer. Manchmal wurde absichtlich auf sie geschossen ... Weil das die Kämpfenden nervös machte. Solange das Fest dauerte, mußte man es ausnützen. Das ist verständlich. Das ist menschlich. Sie verschwanden im Innern ihrer Häuser. Manchmal fielen sie aus dem Fenster: Plumps! In die Mitte des

Fahrdamms, man stelle sich das vor. Ab und zu sammelte man die unschuldigen Opfer auf, und die beiden Parteien rissen sich darum. Auf diese Weise konnte jede Seite der andern vorwerfen, sie sei eine Mörderbande, die Greise, Frauen und Kinder tötet. Offen gesagt amüsierte mich das gar nicht so sehr. So viel Blut, so viele Leichen, ich war es satt. Das gibt einen hübschen Bilderbogen, sagte ich mir.

Was mich betrifft, so beschloß ich, nicht länger zu warten. Ich hatte genug von diesen blutigen Horizonten, von diesen Theater- oder Filmruinen, von diesen Ereignissen, Stoff für eine ganze Literatur, für zehntausende von Büchern. Übrigens war es nicht zu Ende. Jahre und Jahre würde es so weitergehen, selbstverständlich mit einem blauen Hoffnungsschimmer in der Ferne. Die Flammen der Brände und der dicke Rauch verstellten mir die Sicht auf den besternten Himmel des kosmischen Gefängnisses. Welche orientalische Legende, eine arabische, glaube ich, erzählt, daß es hinten, über dem Himmelsdach, ein strahlendes Licht gäbe, das man durch Löcher wahrnimmt, und diese Löcher wären die Sterne?

Ich beschloß, mich so einzurichten, daß ich gegen jedermann verbarrikadiert wäre.

Ich hatte keinen Grund mehr, auszugehen. Wasser, Gas, Elektrizität, Heizung funktionierten einwandfrei. All das kam aus dicken unterirdischen Röhren, die so tief lagen, daß die Aufständischen und die Gegen-Aufständischen nicht bis dorthin graben und die Einrichtungen sabotieren konnten. Sie zerstörten Fabriken,

Garagen und die Verwaltungsgebäude im Viertel. Aber da sie sich immerhin ab und zu ausruhen und Urlaub nehmen mußten, verschonten sie einige Häuser, einige Straßen, meine zum Beispiel, wo Verwandte wohnten, die sie regelmäßig besuchten, oder ihre Mansardenwohnungen. Auch hatten sie in diesen Häusern ihre Vorräte und Munitionsdepots. Wohl flog zuweilen eins in die Luft, aber das war reiner Zufall. Bei uns gab es keine Munition, und keiner aus dem Hause war mit irgendwelchen Kämpfern verwandt. Von Zeit zu Zeit kam einmal einer mit langem Haar und langem Bart, den unsere einzige Kämpferin mitbrachte, die Dame mit dem Hündchen, deren Mann wie zufällig soeben gestorben war. Es passierte auch, daß die Dame mit dem Hündchen nach einiger Zeit einen andern Aufständischen kommen ließ, einen ohne Bart und mit glattrasiertem Schädel, der demnach zur gegnerischen Volksarmee gehören mußte. So sieht das Doppelspiel aus. Manchmal trafen sich die beiden feindlichen Aufständischen bei der Dame, aber wahrscheinlich in der Annahme, daß unser Haus ein no man's land oder ein neutrales Territorium wäre, vertrugen sie sich zu dritt recht gut.

Ich dachte an diese unterirdischen Rohre und Kabel, die uns Wärme und Licht aus der Stadtmitte zuführten. Wie mußten sich meine ehemaligen Bürokollegen über mich lustig machen! Der Konflikt in unserm Vorort dauerte lange genug, um ihnen zu ermöglichen, im Zentrum der Stadt Parkanlagen mit schönen Grünflächen einzurichten. Die Bäume mußten schon großgeworden und alles mußte dort schön und heiter sein. Und ich war hier in diesem gefährlichen Vorort eingeschlossen, wo Wut und Zorn und Blut und Tod tobten.

Seit einiger Zeit wurde auch auf meine Fenster geschossen. Hatte man mich als gefährlichen Neutralen erkannt? Ich verstand doch nichts von ihrem Kampf. Einen Grund mußte es trotzdem haben.

Eines Tages, als ich schon an den Lärm und die Gefahr gewöhnt war, las ich eine Zeitung von früher, vor den Ereignissen. Ich war aufgestanden, weil ich urinieren wollte. Ich hatte ein Geräusch gehört, wie von zersplitternden Scheiben, und als ich meinen Platz auf dem Sofa wieder einnehmen wollte, fand ich dort, genau an der Stelle, wo sich mein Hintern befunden hatte, einen prächtigen Bombensplitter. Ich wollte also verhindern, daß sich so etwas wiederholte. Ich mußte so tun, als sei meine Wohnung unbewohnt. Ich verbarrikadierte die Fenster mit dicken Matratzen und Kissen. Sie waren jetzt gut verbaut. Kein Sonnenstrahl kam mehr durch.

Ich beschloß, ins Hinterzimmer zu ziehen, dessen Fenster auf den Innenhof hinausgingen. Dort hörte man kein Geräusch. Es war sehr hell, weil ich ja im dritten Stock wohnte, und da es nach Süden lag, hatte es sogar Sonne. Einen Sonnenstrahl, Sonnenstrahlen. Die kleinen Kinder waren aufs Land oder in Pensionate im Zentrum der Stadt geschickt worden. Die Eltern waren mit ihnen gegangen. Die Kinder über zwölf Jahre waren eingezogen, hatte mir die Concierge gesagt und mir zur Bestätigung eine Zeitung der Rebellen gezeigt, die sie im Hauseingang gefunden hatte. Diese Kinder waren ausgezogen, die einen, um eine militärische oder paramilitärische Formation zu bilden, die sie »Die Kohorte der Pariser Straßenjungen« nannten, die andern »Die Legion der neuen Bara«. Es gab sogar noch eine dritte Gruppe: »Die Boy-scouts der Vorstadt«. Diese hatten die Aufgabe, die Verwundeten beider Lager aufzusammeln und zu pflegen, außerdem Hühner und andere Lebensmittel zu stibitzen, für die sie Bons verteilten, immer zugunsten der Kämpfer der zwei, drei oder vier Parteien. Der Innenhof, den ich von meinem dritten Stock aus sah, war voll Müll, der schon einen kleinen Berg bildete, auf dem Gras wuchs, und ein paar blühende Sträucher. Ich konnte also meine Abfälle hinunterwerfen, sie würden sich bald in Grünpflanzen, Gras und Blumen verwandeln. Den ganzen Korridor entlang standen so viele Vorratssäcke und Flaschen, daß ich genötigt war, sie an die linke und die rechte Wand zu schieben, um einen Durchgang für die Concierge zu schaffen, meiner letzten Verbindung mit der Welt aus Pulver und Feuer, die mich von allen Seiten umgab. Mein Zimmer war eine Oase, eine kleine Schweiz. Ich würde wahrscheinlich nicht so bald hinauskommen, aber ich konnte durchhalten. Diese Ruhe in dem Zimmerchen! Wie schön zu wissen, daß niemand hinter den stummen Fenstern lauerte. Ich wußte, ich würde mich hier wohlfühlen, Zeit haben zu träumen und so viel Alkohol zu trinken, wie ich wollte.

Die Zeit verging. Monate vergingen. Jahre vielleicht. Die Concierge brachte mir von Zeit zu Zeit Bilderbogen, auf denen die Krieger der Revolte mit Karabiner, Bart und Mütze oder auch ohne Bart und ohne Mütze abgebildet waren. Das war schon Geschichte geworden. Auf einem der Bilder sah man den Heldentod von Bara, der von Bajonettstichen durchlöchert fiel. Auf einem andern Bild sah ich einen Jungen, der mit ausgestreckten Armen zusammenbrach. Ihm gegenüber schossen böse Männer jetzt noch auf ihn. Diese Bösen trugen grüne Uniformen.

Eines Tages erklärte mir die Concierge, daß man schließlich auch die Häuser unserer Straße gesprengt hatte. Also das war es, was ich für ein Erdbeben gehalten hatte. Ich horchte und hörte nur sehr von ferne das Gewehrfeuer. »In der Tat«, sagte die Concierge, »alles spielt sich nur noch auf dem Großen Platz ab.« Und selbst da hätte es nachgelassen. Zwischen den Schüssen oder während der Pausen machten die Leute Besorgungen. Ich wollte wissen, was aus meinem Restaurant geworden wäre. »Es existiert nicht mehr, Monsieur«, sagte die Concierge, »es ist nichts mehr übrig von all den Häusern.« Unser Haus und noch zwei, drei andere bildeten die einzige noch aufrechtgebliebene Insel. Es wohnten nicht mehr viele Leute in unserer Straße. Die Rentner, der Weißrusse, die Dame mit dem Hündchen; die andern waren tot. Nicht alle waren Opfer des Bürgerkriegs, einige waren auch aus Altersgründen, am Infarkt oder an andern Krankheiten gestorben. »Aber alles wird wieder aufgebaut. Das gibt Arbeit. Wissen Sie, wie teuer heute der Quadratmeter Boden in unserer Straße ist?«

Auch die Concierge starb. Ihre Tochter ersetzte sie. Ich hatte es erst nach einiger Zeit gemerkt. Vorräte wurden gebracht. Leere Konservendosen wurden abgeholt, ich wurde selten gestört und bald überhaupt nicht mehr.

Mein Schlafzimmer war hell. Viel Licht. Ich zwang mich, täglich ins Badezimmer zu gehen, mich zu waschen und zu rasieren. Indessen, wenn es wolkig war, rasierte ich mich nicht. Dann ging ich durch den schmalen Pfad, den ich zwischen den Haufen von Getränken und Lebensmitteln ausgespart hatte, zurück und legte mich wieder hin. Ich machte mein Bett, ich fegte aus. Ich öffnete meine Schlafzimmertür, legte meine schmutzige Wäsche in den Korridor und holte mir frische. All das beschäftigte mich sehr und war anstrengend genug, um mich auf meinem Bett auszustrecken, von wo ich den Himmel oder die Decke betrachtete. Ich war in Erwartung. Was ich erwartete, weiß ich nicht. Aber die Erwartung war lebhaft und fiebrig. Wenn leichte Wolken am blauen Himmel vorüberzogen, versuchte ich, etwas zu deuten, versuchte ich, etwas aus dem Himmel herauszulesen. Ich war nicht mehr unglücklich wie früher. Hatte mich das Alter weiser gemacht oder hatte es die Kräfte, die sich in mir regten und sich bekämpften, entschärft? Nicht daß ich glücklich gewesen wäre, das will ich auch nicht sagen. Die Dinge waren so: Innerhalb des großen universellen Gefängnisses hatte ich mir ein kleineres Gefängnis nach Maß bereitet. Ich hatte mir eine Ecke vorbehalten, wo ich leben konnte. Sie war sehr klein, darüber war ich mir im klaren. Aber wenigstens mir angemessen. Ein Eckchen im Bagno, das mir das Bagno verbarg. Ein Bagno ohne Arbeit. Langweilte ich mich? War ich resigniert? Müde zweifellos. Aber ich konnte mich ausstrecken, wie ich wollte und wann ich wollte. Ich verbrachte ganze Stunden und Tage auf meinem Bett. Keine Anstrengung zu machen, keine Anstrengung außer diesem Warten. Wenn ich den Himmel ansah, versuchte ich immer, das Jenseits des Himmels zu sehen. Existierte das Ich? Immerhin war das Ich da, zwischen zwei Unendlichkeiten, der großen und der kleinen. Was war ich? Einerseits ein Punkt. Andererseits ein Konglomerat von Milchstraßen. Welten wurden in mir geboren, entfalteten sich, verfielen, starben. Ich war viele Milchstraßen, ich war Milliarden von Jahrhunderten für kosmische Systeme. Ich war Milliarden und Milliarden von Kilometern für Wesen, die ich nicht kannte, Milliarden von Wesen, die in mir handelten, die sich entrüsteten, die rebellierten, die sich bekämpften, die sich liebten, die sich verabscheuten. Ja, all dies war in mir.

Unser Haus und zwei oder drei benachbarte Häuser bildeten jetzt eine Insel, umgeben von einem großen Bauplatz. Es wurde wieder aufgebaut, was zerstört worden war. Um aufzubauen zerstört man. Um zu zerstören, baut man auf. Die Mauern von zwei oder drei Gebäuden schützten mich vor dem Lärm der Bauarbeiten. Ich hatte übrigens meine eigene Methode. Ich widersetzte mich nicht dem Lärm, ich verstopfte mir nicht die Ohren, ich ärgerte mich nicht, ich wetterte nicht. Im Gegenteil, ich horchte mit größtmöglicher Aufmerksamkeit. Es war für mich eine Art Musik. Es machte mich nicht nervös, es entspannte mich.

Es gab schöne Tage. Vielleicht weil ich in einem südlichen Vorort wohnte, wo es schöner und wärmer ist als im Norden der Stadt. Eines Morgens, gegen Mittag, als ich wie so oft den blauen Himmel über den Dächern betrachtete, sah ich, wie sich ein Spalt, ein leichter Riß von einem Ende des azurnen Gewölbes zum andern ausdehnte. Der Spalt war leuchtend, das Licht war stärker als das Tageslicht und, wie soll ich es sagen, von einem blaueren Blau als das Blau des Himmels. Ich erhoffte etwas. Der Baulärm ging normal weiter, als sei nichts geschehen. Freilich muß man Zeit haben, um den Himmel zu betrachten und ihn aufmerksam zu betrachten. Aber die Leute blicken nicht auf. Die Arbeit, die Sorgen lassen ihnen keine Ruhe. Ich beobachtete diesen Spalt im Himmel. Mir taten die Augen weh, aber ich wandte meinen Blick nicht ab. Langsam verschwand dieser Lichtstrahl, dieses Licht im Licht allmählich, wie es erschienen war, ohne eine Spur zu hinterlassen. Der Streifen erschien wieder in der Sternennacht, breiter als am Tage. Er war wie ein erstarrter Blitz, von einem Ende des Horizonts bis ans andere. Die Sterne daneben erbleichten, schienen zu erlöschen; und doch war dieser Strich von einem Stern, einem kleinen Stern ausgegangen, dieser Strich, der so klar und hell war wie das Licht zweier Sonnen. Von neuem erfüllte mich Freude. Ich faßte das als Versprechen, nicht als Drohung auf. Das Morgenrot kam und schien mir grau, als der Streifen sich vom Himmel zurückzog. Die junge Concierge brachte mir gegen acht Uhr meinen Kaffee, sie war es nicht gewohnt, über die Dächer hinwegzublicken. Tagsüber war sie zu beschäftigt. Sie hatte zu arbeiten. Am Sonntag würde sie sich den Himmel ansehen. Außerdem hätte keiner aus dem Haus, weder die Bauarbeiter, unter denen sie Freunde hatte und die sie getroffen hatte, als sie Brot holte, noch die Bäckersfrau, niemand hatte ihr etwas davon gesagt. Ich war der einzige. Ich sagte ihr, bis Sonntag würde das Phänomen vielleicht nicht andauern. »Ich träume nicht mit offenen Augen«, antwortete sie boshaft. »Ich versichere Ihnen«, fügte ich hinzu, »ich habe es deutlich gesehen.«

»Wo ich Ihnen doch sage, daß kein Mensch um mich herum mir etwas davon gesagt hat.«

Sie bat mich, ihr einen Scheck auszustellen, damit sie ihre Besorgungen machen könne. Man verlange auch, ließ sie mich wissen, einen bedeutenden Vorschuß für den Einbau eines Fahrstuhls, den die neuen Mieter des Hauses forderten ... Sie betonte, mir wäre er sehr nützlich, wenn ich mich nur ein wenig bewegen würde. Es wäre kein Grund mehr, mich so abzuschließen. Die Gefahr wäre vorüber. Ab und zu hörte sie wohl noch ein paar Explosionen, ein paar Bombeneinschläge weit weg. Man hatte teuer genug bezahlt, aber jetzt sei unser Viertel ruhig. Die Revolution hätte sich in die Stadtmitte und in den Norden verzogen.

»Jetzt sind die dran, wir haben genug geschwitzt.«

Den ganzen Tag, die folgenden Tage, den folgenden Sonntag betrachtete ich, ans Fensterbrett gelehnt, den Himmel über den Dächern in der Hoffnung, das Phänomen könne sich wiederholen. Viele Sonntage, viele Wochen. Nichts passierte mehr in der Höhe.

Ich gewöhnte mich wieder an die banale Tageshelle. Ich langweilte mich. Ich spielte sogar mit dem Gedanken, auszugehen. Man hatte gewiß anstelle des alten ein neues Restaurant eingerichtet. Ich durchlebte eine unangenehme Periode, ich durchschritt den langen Korridor mit seinen Vorräten rechts und links, ich ging an die Tür, ich öffnete sie. Ich ging die Treppe hinab und wunderte mich, daß ich es so einfach tun konnte. Ich ging an der Loge des Concierge vorüber, die abwesend war. Die frühere war niemals ausgegangen. Sie bewegte sich nicht von der Stelle. Andere Geräusche. Ich machte einen Schritt, zwei Schritte auf dem Trottoir. Ich erkannte die Häuser nicht wieder. Sie waren ganz neu, hoch und alle gleich. Eine neue Straße kreuzte unsere. Dort hatten die alten Häuser gestanden. Auf diese Weise gelangte man schneller zur Avenue. Die Häuschen mit ihren Gärtchen oder kleinen Höfen existierten nicht mehr. Die neuen Mieter kannte ich nicht. Von weitem hörte man tatsächlich Bomben fallen. Ich ging vorwärts bis zum Restaurant. Derselbe Wirt war da, er hatte das Lokal wieder übernommen. Die Regierung, für oder gegen die er gekämpft hatte, hatte ihn an gleicher Stelle wieder eingesetzt, aber das Restaurant war renoviert worden. Er war sehr gealtert, er hinkte. Ich muß wohl auch sehr viel älter geworden sein, denn er erkannte mich nicht wieder. Die neue Kundschaft bestand aus jungen Leuten, die sich amüsierten. Es war nicht mehr dasselbe Publikum. Die einen spielten Guitarre, die andern tranken alkoholfreie Getränke. Sie lachten laut. Manche stützten sich auf die Stuhllehne und legten die Füße auf den Tisch. Die Welt, sagte ich mir, hat sich verjüngt, ich bin gealtert. Sie werden auch alt werden. »Wissen Sie«, sagte ich zum Wirt, »ich bin der Herr, der immer herkam und sich dorthin setze, wo jetzt die jungen Leute um den Kunststofftisch sitzen.«

»Ach, richtig, ich erinnere mich«, sagte der alte Mann. »Nein, ich habe keine Kellnerin mehr. Oh, sie dürfte heute schon große Kinder haben. Vielleicht sogar Enkelkinder. Kommen Sie, trinken Sie ein Gläschen mit mir. Ich werde bald in Pension gehen. Und Sie? Ihre Arbeit?«

»Sie wissen doch, daß ich sehr jung Rentner geworden bin. Ich arbeite schon lange nicht mehr.«

»Sie haben Glück. Dann führen Sie ein angenehmes Leben. Aber Sie sehen mir ein bißchen heruntergekommen aus. Ach, es wird uns allen einmal so gehen. Vielleicht wären Sie weniger gealtert, wenn Sie gearbeitet hätten. Als Rentner muß man sich immer gleich eine Beschäftigung suchen. Man wechselt den Beruf, na ja. Man schult sich um. Wissen Sie noch? Der Bürgerkrieg, die Barrikaden, ahlala, das waren Zeiten! Hier in der Gaststube haben sie aufeinander geschossen.«

»Ich weiß, ich erinnere mich genau, ich war ja dabei.«

»Ach richtig, es war mir entfallen. Sie hatten sogar einen tüchtigen Faustschlag ins Gesicht abgekriegt. Aber so ist das Leben. Zum Glück gibt es immer noch guten Wein«, sagte er und schenkte ein. »Es gibt immer noch Theken, es wird immer Wein geben. Aber der Camembert, das ist nicht mehr dasselbe. Einen guten gibt es nicht mehr. Der wird industriell hergestellt. Das ist einfacher. Die Jungen sind träger. Wenn ein Schuß fiele, würden sie sich nicht vom Fleck rühren wie früher. Am Ende würden sie sich doch bequemen. Weiß man denn, was in den Köpfen der Leute vorgeht?«

»Weiß der Teufel. In uns allen ist eine Aggressionslust. Die macht sich irgendwann Luft.«

Als ich ging, drehten sich die jungen Leute um und sahen mir mit spöttischer Miene nach. Sie stießen sich mit dem Ellenbogen an und zwinkerten sich zu. Wahrscheinlich weil ich altmodisch angezogen war. Oder weil ich einer andern Welt angehörte. Einer schon toten vielleicht. Gab es noch Bourgeois? War ich einer? Oder aber weder Bourgeois noch sonst etwas?

Ich ging so schnell ich konnte nach Hause. Das Kreuz tat mir weh, ich stieg die Treppen hinauf, öffnete die Tür, drehte den Schlüssel um, und ohne einen Blick ins Wohnzimmer zu werfen, machte ich es mir wieder im Schlafzimmer bequem.

Nach und nach wurden die Geräusche wieder hörbar. Sie schienen mir entfernt. Immerhin konnte ich sie unterscheiden: Bohrmaschinen, Luftdruckhämmer, Betonmischmaschinen, Kräne. Auch Gesänge, die Stimmen der Arbeiter. Da all das sehr gedämpft klang, dachte ich, mein Gehör hätte an Schärfe verloren. Eine neue Welt wurde aufgebaut, eine neue Welt, mußten sie sich sagen. Der bloße Gedanke daran machte mich müde.

Die Concierge wurde gereizt. Dreimal täglich die Treppen steigen, um mir Essen und Wäsche zu bringen, Besorgungen für mich zu machen, all das war viel Arbeit. Sie verlangte eine Lohnerhöhung. »Das Leben wird immer teurer, das Geld ist nichts mehr wert.« Ich sagte ja. Mir wurde etwas angst. Würde ich arbeiten müssen? Das wäre fürchterlich. Ich fragte mich auch, ob ich noch imstande wäre, irgend etwas zu tun. Ich brauchte Zeit, bis ich mich entschloß, an meinen Notar, an meine Bank zu schreiben. Ihre Antwort beruhigte mich. Mein Geld rollte. Meine Einkünfte waren entsprechend den steigenden Lebenskosten auch gestiegen. Immerhin beschloß ich aus Vorsicht, nicht mehr zu rauchen. Ohne Alkohol leben konnte ich nicht, aber ich schränkte meinen Verbrauch fühlbar ein. Fleisch nur zweimal wöchentlich. Ich aß weniger. In unserm Viertel, teilte mir die Concierge mit, verkaufte ein billiges Restaurant Fertiggerichte. Das war mir lieber als Konserven oder die Suppen, die die Concierge selber für mich kochte. Außerdem wollte ich sie so wenig wie möglich bemühen, ihre Zeit möglichst wenig in Anspruch nehmen. Sie mußte sich auch um die Babys ihrer Schwester kümmern, die verheiratet war und auf dem Bauplatz arbeitete. Ihr Mann war krank, und was die Krankenkasse zahlte, war unzureichend.

Ich tat mein Bestes, die Concierge zu beruhigen, die maulte, mit den Türen knallte, mir ins Gesicht lachte. Ich versuchte sogar, mich ein bißchen mit ihr zu unterhalten. Meine falsche Lustigkeit, meine Scherze schienen nicht nach ihrem Geschmack zu sein. Ich glaube, meine Art zu leben, mein Betragen, mein Einsiedlerdasein mußten ihr seltsam erscheinen. Sie machte Anspielungen auf meinen Müßiggang, dann warf sie ihn mir direkt vor: »Ich brauche nicht hinterm Berge zu halten, ich sage, was ich denke, ich sage den Leuten alles ins Gesicht.« Um ihr nicht allzu unangenehm zu sein, um sie ein bißchen zu besänftigen, machte ich jeden Morgen sorgfältig Toilette. Meine Schläfen wurden grau. Wie lange war ich nicht ... Ihrer Meinung nach hatte ich kein Recht auf Ruhegeld, noch nicht, »besonders nach solch einem Leben, Sie haben nichts geschafft. Wozu sind Sie gut?« Wozu ist es gut zu etwas gut zu sein? Ich ließ mich auf keine Diskussion über dies Problem ein. »Sie werden bald ausziehen müssen. Wir sind die letzte alte Insel. Unser Haus und die Häuser nebenan werden abgerissen. Modernes wird gebaut.«

»Modernes, das auch alt werden wird wie alles. Man hat nicht einmal Zeit, ›uff‹ zu sagen.«

Sie zuckte die Achseln und antwortete nicht. Mein

Haus wird bald abgerissen? Das ängstigte mich ein bißchen. Aber ich beruhigte mich. Das drohte schon seit langem. Das würde noch Jahre dauern. Und dann, ich konnte mich widersetzen. Schließlich war ich Eigentümer der Wohnung. Aber das öffentliche Interesse! Ich konnte gezwungen werden. Ach, nicht sofort.

Was war aus all den andern geworden? Aus meinen früheren Kollegen aus dem Bureau, aus meinen einstigen Freundinnen? Tot oder Schwiegermütter oder Großmütter? Und wenn ich einmal hinginge? Ob der Bürgerkrieg in ihrem Viertel, in der Stadtmitte weiterging? Ob ich mich vergewissern sollte?

Traurigkeit überkam mich, eine Art Sehnsucht, wenn ich an alte Zeiten dachte. Ja, Sehnsucht nach dem alten Bistrot, dem Apéritif mit dem Wirt des Ausschanks, mit meinem früheren Kollegen ... Wie hieß er doch gleich? Jacques? Ja, Jacques, glaube ich. Aber nein, Jacques war der Mann von Lucienne. Hieß er nicht Pierre? Pierre und wie weiter? Sein Name begann mit einem B ... mit einem B? So ähnlich wie Bouille. Wie der Chef hieß, keine Ahnung mehr. Ich habe kein Gedächtnis. Dabei war es noch gar nicht so lange her. Oder doch, es war schon lange her. Meine Jugend. Die alten Straßen, die alten Straßen von Paris, schön ist Paris. Schön war es sonntags, wenn ich mich auf die Terrasse des Cafés oder der Brasserie setzte und die Leute sonntags vorbeigehen sah. Das Hotel. Man öffnete das Fenster, man sah auf das Gewimmel hinunter. Das war vor dem Krieg. Und dann war da die Kellnerin Yvonne. Um sie tat es mir am meisten leid. Ach, die Tage kehren nicht wieder. Ich philosophierte. Was gab es noch? Regen, Sonne, Kino. Ich ging selten hin. So viele interessante Filme. Zu spät. Was hätte ich lernen können! Ich hätte nichts gelernt. Was gibt es zu lernen? Erinnerung, Erinnerung, was willst du von mir? Da waren vor allem nachts die Lichter der Stadt. Da war vor allem der graue Himmel, graue Häuser, graue Leute. Einmal war da auch eine ganz weiße Straße. An einem sehr hellen Tag. Es war nicht in der Stadt. Ja, ich hatte wohl eine Fahrt in einem Wagen gemacht, mit Lucienne. War es Lucienne? Ich war ganz erstaunt über die Farben auf dem Lande, die roten Mohnblumen in einem Kornfeld. Wir stiegen aus dem Wagen und wanderten ein paar hundert Meter einen Hohlweg entlang, an dessen Ende Sonnenstrahlen im Laub spielten. Wir gelangten auf jenes Kornfeld. Da sind auch Erinnerungen, die andere mir erzählten. Mein Bureaukollege – wie hieß er doch gleich? – hatte eine lange Wagenfahrt nach Belgien gemacht. Es war schon lange her, daß er diese Reise gemacht hatte, als er noch jung war. Es war sehr lustig. Die Leute lachten, unterhielten sich, tranken Wein, den sie im Wagen aus ihrer Reisetasche holten. Sie hatten die Grenze hinter sich. Zöllner oder Polizisten waren in den Wagen gestiegen und hatten die Pässe verlangt. Dann waren sie weitergefahren. Teiche, Städtchen mit Häusern aus roten Ziegeln. Sie waren nach Brüssel gekommen. Bei ihrer Ankunft in der Nähe des Bahnhofs gab es einen Platzregen, mein Gott, was für einen Platzregen! Sie waren ausgestiegen und über die Straße gerannt und hatten in einer langen, schmalen Schenke mit angestrichenen Holztischen Unterschlupf gesucht. Sie hatten Bier getrunken, Sie wissen doch, das belgische Spezialbier, »Gueuse«, sie hatten viel getrunken und waren sehr vergnügt. Es war sehr amüsant. Und dann waren sie nach Antwerpen gefahren. Im Hafenviertel waren die Häuser spitz, gar nicht so wie bei uns. Frauen waren im Schaufenster. Das Viertel war gefährlich. Es gab oft Schlägereien. Während ihres Besuches gab es keine. Er hätte so etwas gern sehen wollen. Es wäre nicht gefährlich gewesen, denn sie waren eine ganze Anzahl. An allen Straßenecken standen Polizisten und paßten auf. Belgische Polizisten.

Ich erinnere mich auch an jenes junge Mädchen, das neunzehnjährig starb. Blumen und Kränze häuften sich um den Sarg. Blumen in allen Farben. Ich wollte daran riechen. Seitdem hat mein Geruchssinn nachgelassen. Das scheint vorzukommen, wenn man an Blumen eines Toten gerochen hat. Lange Zeit konnte ich nur noch schlechte Gerüche wahrnehmen.

Später ist es teilweise wieder besser geworden. Als ich klein war, hatte ich eine sehr feine Nase. Man verband mir die Augen, und ich erkannte meine Kameraden am Geruch ihrer Mäntel. So hundertprozentig ist es nie wiedergekommen.

Es stimmt nicht, daß alles grau war. Indessen waren die lichten Erinnerungen recht selten, eine oder zwei, das übrige ist schmutziges Pflaster, feuchtes Pflaster, Nacht. Das Bild meiner Mutter ließ mich auch nicht los. Klein, graues Haar, graues Kleid, graues Gesicht und ihr Ehrgeiz, ich solle es zu etwas bringen. Bringt man es zu irgend etwas? Und dann das Bureau, die Stechuhr, die politischen Diskussionen mit meinem Kollegen, auch die Streitigkeiten und die Versöhnungen nach Bureauschluß, zur grauen Stunde des Apéritifs. So viele dunkle Passagen, viel Schwarz, weil ich zuviel Alkohol trank, der die Bilder verwischt. Hier und da eine unbestimmte Helle, ein Halbdunkel zwischen Vorhängen der Finsternis. Es hatte auch Revolutionen, Bürgerkriege gegeben, Faustschläge, die ich empfangen hatte. Viel war passiert um mich herum. Ohne mich. Nichtsdestoweniger interessierte es mich. Leichen hatte es gegeben. Revolutionäre Aufzüge, zornige Männer. Da war der tote junge Mann auf dem Pflaster, umgeben von den Nachbarn aus der Straße, die sich so verändert hat. Die Alten, die Rentner, die so mager waren, so winzig. Hatte das existiert? Es ist, als habe das nie existiert. Der kleine Alte mit dem weißen Schnurrbart, hatte er auch einen Backenbart? Oder einen Spitzbart? Oder nur einen Schnurrbart? Vor der Revolution war die Straße so angenehm, friedlich, mit den alten Leuten, dem Russen, der hinkte. Ich hatte sie nicht genügend geliebt. Ich ging um den Häuserblock herum. Es hatte dort die Avenue gegeben, die Fabrikmauern, und unsere Straße war etwas für sich. Ich hätte viel länger spazierengehen, es ausnützen sollen. Ich hätte meine Freunde und Kollegen aus dem Bureau besuchen sollen. Und dabei hatte ich mir vorgenommen, sie aufzusuchen. Ja, alles ist verschwunden. Alles. Merkwürdig diese Reue, diese Bitterkeit, die ich empfand, als käme sie aus dem Magen. Ich hatte so viele Dinge gesehen. Gewehre, geballte Fäuste, ausgestreckte Hände, Grüße aller Art. Es war rührend. Es war nicht genug Abwechslung in dem Leben gewesen, das ich in der Wohnung geführt hatte. Ich hatte mich sehr gelangweilt. Wie recht sie hatte, Yvonne, daß sie gegangen war, Yvonne oder Marie... Ich hatte selbst ihre Koffer auf die Straße getragen, hatte dem Chauffeur geholfen, sie im Kofferraum zu verstauen. Ich besinne mich ganz genau. Mein Gedächtnis ist doch nicht so schlecht. Was hatte es sonst noch gegeben? Was hatte es gegeben? Da war noch jener Lehrer in der Schule, der Direktor, graumeliertes Haar, schwarzer Schnurrbart. »Ich habe mich mit Klimmzügen hochgezogen, ich habe es aus eigner Kraft zu dem gebracht, was ich bin«, sagte er, dann von seinem Schreibtisch aus: »Sie bringen es zu nichts, mein Freund, behalten Sie diesen Satz, ich, ich werde nicht mehr da sein, aber Sie, erinnern Sie sich daran, Sie bringen es zu nichts.« Das ist wahr. Er zeigte auf mich und sagte zu meiner Mutter: »Er bringt es zu nichts, Madame.« Er sagte es mitleidslos, ohne ihr Illusionen zu lassen, trotz der Tränen in ihren Augen.

Ich hatte vor allem das Gefühl eines Mangels. Es wäre schön gewesen, ja, hätte ich es verstanden, jeden Augenblick auszufüllen. Doch ich hatte die Fluten des Lebens verrinnen lassen. Es wäre in jedem Falle zu Ende gewesen. Doch die Erinnerungen, die mir blieben, wurden zu Bildern in Rahmen der Erinnerung. Etwas verschwommene Bilder, etwas geschwärzt durch so viel Vergessen. Das Vergessen bildete schwarze Punkte, die mir das Bild verbargen. Immer war da dieser Mangel. Immer war da dies Gefühl gewesen, daß mir etwas mangelte, demnach war da nur Mangel. Woran mangelte es? Woran mangelte es mir? Ich hätte alles wissen wollen. Das war es, woran es mir mangelte. Nicht gewußt zu haben. Nicht alles zu wissen. Ich war unwissend, aber nicht unwissend genug, um mir nicht klar darüber zu sein, daß ich unwissend war. Wissen die Gelehrten etwas? Genügt ihnen das? Was gibt es darüber hinaus? Vielleicht wissen die Bäume mehr. Die Tiere wissen vieles. Ich hatte mich nicht angestrengt, weil ich wußte, daß man nichts wissen kann. Ich war untröstlich darüber. Vielleicht wird man eines Tages alles wissen. Andere werden alles wissen. Diese Müdigkeit, die die ganze Zeit auf mir gelastet hat! Ja, es hat Milliarden und Milliarden Menschen gegeben. Es hat Milliarden Lebende und für jeden die universelle Lebensangst gegeben. Jeder hat wie Atlas die ganze Last der Welt getragen, als wäre jeder ganz allein niedergedrückt von der Bürde des Unkennbaren. Tröstete es mich, wenn ich mir sagte, daß der größte Gelehrte ebenso unwissend sei wie ich, und daß es ihm bewußt sei? Aber ist das wahr?

Eines Tages weckte mich das Gezwitscher der Vögel. In voller Blüte, ganz weiß reichte ein Baum bis an mein Fenster, das ich öffnete. Einer seiner Zweige war in Reichweite meiner Hand. Blaue und grüne Vögel flogen auf und kamen wieder zurück zu dem Baum, einem unbekannten Baum. Ich als alter Städter wußte so gut wie nichts von der Natur. Aus dem Abfallhaufen im Hof, der sich in Rasen verwandelt hatte, war der Baum gewachsen. Es war ein glatter Stamm, dessen Krone aus Zweigen und Blüten sich auf der Höhe meines Stockwerks formte und öffnete. Ich pflückte drei makellose Blüten von dem Zweig, der meiner Hand erreichbar war. »Kommt und seht«, rief ich, »kommt und seht!« Nur das Echo antwortete mir. Die Concierge klopfte leise an meiner Tür. Ich öffnete. Ich bemerkte, daß sie bereits alterte. »Was für ein schöner Baum im Hof«, sagte ich. »In einer Nacht ist er gewachsen. Schauen Sie selbst, wenn Sie mir nicht glauben! Hören Sie die Vögel?«

»Ich höre nichts«, sagte sie.

Widerwillig ging sie zum Fenster.

»Es ist kein Baum da, was erzählen Sie mir denn?«

Jetzt schaute ich aus dem Fenster und stellte fest, daß der Baum nicht mehr da war. »Da sind doch die Blüten, die ich vom Zweig gepflückt habe. Da, sehen Sie? Ich habe sie auf den Tisch gelegt.«

Sie untersuchte sie: »Ja, tatsächlich, das sind Blüten. Ähnliche habe ich noch nie gesehen. Woher kommen die?« »Von dem Baum, von dem ich Ihnen erzählt habe!« Sie betrachtete wieder die drei Blüten. Sie stellte sie in ein Glas mit Wasser, dann ging sie achselzukkend kommentarlos ab.

Ich war enttäuscht. Wo konnte der Baum bloß hingekommen sein? Er war doch eben noch da, die drei Blüten bezeugten es. Ich berührte sie, roch daran. Auch die Concierge hatte sie gesehen. Ich war verwundert, aber auch beruhigt. Ich stellte mich wieder ans Fenster. Es gab etwas wie ein Vibrieren in den Mauern und Dächern um mich herum, leuchtende Vibrationen im strahlenden Licht. Die Mauern und Dächer schienen auseinanderzubrechen, ihre Umrisse wurden unscharf. Sie verloren ihre Dichte und wurden, schien mir, äußerst zerbrechlich. Sie waren nur noch Vorhänge, durchsichtiger und durchsichtiger, Dämmerungen, flüchtige Schatten. Ich sah sie sich leicht nach links, nach rechts neigen, zitternd wie Bilder im fließenden Wasser, sah sie sich kräuseln und langsam entfernen. Sie verloren sich in der leuchtenden Ferne, durchsichtige Rauchschwaden, und verschwanden. Vor meinen Augen breitete sich die Wüste, riesengroß unter dem lichten Himmel, in der glühenden Sonne bis zum Horizont. Nur noch glitzernder Sand war da im Licht.

Mein Zimmer schien freischwebend, lautlos, ein Punkt in der Unermeßlichkeit.

Dem ging ein langes Schweigen voraus: Auf meinem Bett ausgestreckt betrachtete ich den zweitürigen Schrank an der hintern Wand. Die Türflügel gingen auf. Sie schienen zwei große Tore zu sein. Ich sah die Anzüge und Kleider nicht mehr. Nur die nackte Wand. Dann verschwand auch die Wand. Die beiden offenen Türflügel verwandelten sich in zwei große goldene Säulen, die einen sehr hohen Giebel stützten. An der Stelle der Wand formten sich langsam Bilder. Das wurde sehr leuchtend. Ein Baum mit einer Krone von Blättern und Blüten erschien. Dann ein zweiter. Noch einer. Mehrere. Eine große Allee. Im Hintergrund Licht, stärker als das Tageslicht. Es näherte sich, durchdrang alles. Wie ging das alles in mein Zimmer hinein? Es war viel größer als das Zimmer. Ich fühlte nicht den Wind, der die Zweige und die blauen und weißen Blüten erzittern ließ. Doch, wie eine leichte Brise. Eine Wiese entstand. Wie schön war das Gras! Für wen diese Wiese, dieser Garten, dieses Licht? Die Bäume breiteten sich, gut ausgerichtet, bis in die Ferne ... In der Mitte ganz vorn tauchte ein Baum auf. Ein Baum oder ein großer Strauch? Rechts davon, links von mir schwebte eine silberne Leiter einen Meter oberhalb des Bodens und verlor sich im blauen Himmel. Ich schaute lange hin, ich wagte nicht aufzustehen aus Angst, das alles könnte verschwinden. Ich hätte den Strauch berühren, ich hätte die Leiter berühren können. Das Licht war sehr stark, aber es tat den

Augen nicht weh. Die Sprossen glänzten. Der Garten näherte sich mir, umgab mich, ich wurde ein Teil von ihm, ich war mitten drin. Jahre vergingen oder Sekunden. Die Leiter kam auf mich zu. Sie hielt sich schwebend fast über meinem Kopf. Jahre vergingen oder Sekunden.

Das entfernte sich, schien zu schmelzen. Die Leiter verschwand, dann der Strauch, dann die Bäume. Dann die Säulen mit dem Triumphbogen. Etwas von diesem Licht, das mich durchdrungen hatte, blieb.

Ich sah das als ein Zeichen an.